享譽國際樂壇　指揮家呂紹嘉

國家交響樂團／臺灣愛樂提供鄭達敬拍攝

國家交響樂團／臺灣愛樂提供鄭達敬拍攝

國家交響樂團／臺灣愛樂提供　鄭達敬拍攝

2020 年 11 月 29 日國家音樂廳指揮樂團表演

1988 年夏法國「貝桑松」　　1991 年秋義大利佩卓地（Pedrotti）
國際指揮大賽首獎　　　　　　國際指揮大賽首獎

1994 秋荷蘭孔德拉辛國際指揮大賽首獎

2022年獲頒行政院國家文化獎章　2022年榮獲臺北藝術大學名譽博士學位

筆者與呂紹嘉母親、呂紹嘉合照

臺灣客家文化風情畫

謝淑熙　著

莊序

　　歲暮時節，謝淑熙博士手持《臺灣客家文化風情畫》稿本前來問序。之前她已出版了九本專著，其研究範疇包含經學、思想史、古典文學、圖書文獻、國文教學、客家文化等。客家文化是近年新開拓的領域，短短幾年，繼《臺灣客家禮俗文化新探索》之後，又推出新著，其著述之黽勉，令人敬佩。因而通讀一遍，很樂意介紹本書的一些優點，以供閱讀的參考，並與她共同勉勵：

一　熱愛鄉土

　　淑熙出身桃園縣楊梅教育世家，該地為臺灣客家的名城。客家族是中華民族重要的成員，歷史悠久，枝葉繁盛，苗裔遍布寰宇，多達一億以上，單以臺灣而言，即有四百萬人。或篳路藍縷，積極奮鬥；或通商惠工，普利群倫，對整個社會國家貢獻極大。族人熱愛鄉土，團結互助，族群意識十分濃烈。像淑熙早年就曾在桃園仁美國中、中壢家商任教，作育英才多年。平日善事公婆，相夫教子，勤儉持家，等到子女獨立發展之後，才繼續深造，榮膺博士，講學上庠，這樣的表現，正是典型的客家女性的形象。近幾年來，她在學術方面有所成就，深感發揚客家文化的重要，除了擔任《世界客家雜誌》總編輯之外，還陸續寫了不少有關客家的論文，並曾榮獲客家委員會學術著作獎勵。她為人爽朗熱誠，所以書中論及客家的種種傳統美德，她都高聲歌頌；介紹客家的生活習俗，無不津津樂道；訪問國際指揮家則推

崇備至；遇到母語式微的情況，就顯得憂心忡忡，可以說筆端帶有感情，故而溫馨感人。

二 發掘禮俗

禮是禮儀，俗是民俗，一雅一俗，相輔相成，是人類生活的體現，也是本書的核心。淑熙的經學研究以禮學為大宗，她的閱讀教學也以禮學為重點。所以在本書中，論及客家的歲時節令、三獻禮、傳統婚禮，她都能上窮儒家禮教的根源，下推後代禮俗的流變，以古籍與現實互相比較印證，並闡發其文化蘊涵，是禮失求諸野最好的見證。例如古代婚禮有「納采、問名、納吉、納徵、請期、親迎六禮」（《禮記・昏義》）。早期客家合併為「納采、問名、過聘、于歸四禮」，民國三十年以後則演變為議婚、過定、送日子、親迎、轉門等五個流程，顯示禮俗因時代地區的差異，做了適當的調整，而仍不失《禮記・昏義》所講：「昏禮者，將合二姓之好，上以事宗廟，而下以繼後世也。」之宗旨，也符合《禮記・禮器》所講的：「禮，時為大，順次之，體次之，宜次之，稱次之。」的制禮原則。本書將它的文化蘊涵，歸納為生命禮儀之傳承、家庭倫理之規範、修身齊家之圭臬，頗能通古今之變。至於民俗方面，從客家節氣諺語探討農耕文明，從飲食諺語與茶文化觀察人民生活、從歌謠了解社會特質，都是找到很好的切入點，得以一窺客家風土人情的洋洋大觀，也是頗有可取。

三 闡揚文化

全書十二篇，分成藝文編、禮儀編、民俗編三輯。藝文也好，禮儀、民俗也好，其實都不出文化的範疇。文化是人類生活的產物、智

慧的結晶，其大無外，幾乎無所不包。本書所以題名為《臺灣客家文化風情畫》，正是在顯現客家文化的廣博，而藝文、禮儀、民俗所描繪出來的風土人情，正是文化具體而微的表現。在全書十二篇中，有八篇結尾都會去闡發客家文化的蘊涵，或去暢述客家文化特色、人文價值之類，在導言中，更進行了臺灣客家文化的省思，可見她對文化的研究是何等重視。在《臺灣客家禮俗文化新探索》中，她探討了姓氏、堂號、宗祠、族譜、家訓、信仰、成語、語音、文學風情等，當時我在序中補充了十幾個可以研究的重點，這次她把範圍擴大到音樂、文學、歲時節令、婚祭禮儀、諺語、社會、飲食文化等，可見她頗能察納雅言，具有拓寬研究領域的雄心，很值得嘉許。

四　深入淺出

　　文化的研究有精深的一面，也有通俗的一面，論其傳播，深入淺出是最好的方式。蓋缺乏精深的研究，則無法窺見「宗廟之美，百官之富」，建立厚實的理論基礎；但若忽略通俗的傳播，則曲高和寡，未能發揮其深廣的影響力。所以文化的傳播應以厚實的理論基礎，從基礎建設做起。在這方面，淑熙具備非常優良的條件，她受過紮實的學術訓練，寫過《道貫古今——孔子禮樂觀所蘊含之教育思想》、《黃以周《禮書通故》研究》、《禮學思想的新探索》、《儒家禮學人文思想新視野》等專書。對儒家人文主義、禮學思想都有精湛造詣，為其客家禮俗文化的探討奠定紮實的理論基礎。她又寫過《過盡千帆——向文學園地漫溯》、《研閱以窮照——閱讀教學的新意義》、《閱讀教學啟動心靈視窗》等專書，提倡閱讀寫作教學，得過多次徵文比賽大獎，文筆之曼妙可想而知。再加上自序所言：秉承發現問題、窮究問題的精神，透過文獻史料的蒐集，考證資料的整理，去闡述臺灣客家禮

儀、民俗、文化的源流、內容、意涵，自然能得到一篇篇深入淺出、雅俗共賞的客家文化的論文。讀來趣味橫生，令人味之亹亹不倦。從而使年輕的一代，能飲水思源，了解臺灣客家藝文、禮儀、民俗的教化意義，達到寫作的深層目的。

　　客家文化研究的天地非常廣大，以淑熙對學術研究的執著，相信不久的將來，會有更多的佳作羅列眼前，願拭目以待。

莊雅州序於臺北
二〇二三年元月十二日

賴序
客家傳統勤耕讀，文化風情善美真

臺瀛寶島貫三才，灣海碧山富美來。
客語薪傳香火旺，家閭友睦諾金恢。
文房六藝勤時習，化俗千年厚道開。
風土敦淳耕讀尚，情田禮義耨修栽。
盡心慈教青衿誨，頌德功言仰斗魁。
古調新彈根本立，今生紹世懋饒培。

　　謝淑熙老師上庠習業，由大學中國文學系、研究所，以至博士班，一路深造，孜孜矻矻，轉益多師；終身教習，亹亹諄諄，別裁風雅。尤其尊師重道，博文約禮，可謂善學樂教的國士良師，令人敬佩欽慕。新作力著《臺灣客家文化風情畫》付梓出版，特賦以藏頭嵌名七言排律十二句，權作本書推薦、頌讚與期許，略表賀忱。

　　謝淑熙老師雖已自中壢家商退休多年，仍勤學勤教，目前兼任於臺灣海洋大學共同教育中心，教學與評鑑績效卓著，深受該校師生推崇與肯定。教學之餘，撰研不斷，時出佳篇，積稿成編，成此大作，實非易事。本書彩筆描繪客家藝文、禮儀與民俗風情，分別為三單元：藝文二篇，禮儀四篇，民俗五篇，總計十一篇文章，每一篇文章成稿，都虔誠約晤商論，務求周全完善，勤懇敦實，通篇文字熟練暢達，結構條理井然有序，言之有物，生動中肯，誠如莊雅州教授於序文中，總結本書四大優點：「一、熱愛鄉土。二、發掘禮俗。三、闡

揚文化。四、深入淺出。」又剴切推薦：「本書以曼妙的文筆，深入淺出地描繪客家人的風土人情、禮俗文化，可以增進對客家的認識，提昇愛護鄉土的情懷。」此外，前臺北市立大學人文藝術學院院長、現任中華文化教育學會理事長葉鍵得教授也真誠推薦：「本書由客家藝文、禮儀、民俗，勾勒出客家文化風情畫，豐富了客家文化的內涵，展現了客家文化的特色，堪稱經典，值得推薦閱讀。」綜觀周覽本書，可讀性與可傳度均高，確實為難得的優良佳作，霑溉教益，與有榮焉；弘揚紹繼，捨我輩，其誰哉！

　　不過，本書涉及客家人物、藝術文學、姓氏堂號、族譜家訓、歌謠諺語、茶葉飲食文化、歲時節令儀典對象、傳統三獻與婚姻禮俗……，範圍廣泛，題材豐富，示例鋪陳，讀者若能觸類引申、舉一反三，自能興發學習與研究的動力。筆者出身於高屏六堆客家（屏東佳冬左堆），與淑熙老師桃園北客略有差異，彼此之間可資觀照比較之處甚多，加上客家族群遍布三臺、東南亞與歐美各國，因此建議淑熙老師除了「近取諸身」外，更可「遠取諸地」，就現有基礎，擴而大之，如淡水有國定古蹟客家汀州會館奉祀定光古佛之「鄞山寺」（鄧公廟），新莊有潮州與惠州客家人奉祀之「廣福宮」（三山國王廟），桃園龍潭有市定古蹟「聖蹟亭」，新竹新埔有「褒忠亭義民廟」，北客有「天穿日」（補天節）、苗栗元宵節爆龍活動……，臺中、彰化、南投、嘉義、高雄、屏東、臺東、花蓮、宜蘭、新北與臺北市，都有不少客家鄉親墾拓開發的歷史文化遺產，可資持續深入追尋探討。尤其，已有三百年開發歷史的高屏六堆客家，仍保存有優良的客家民族傳統風俗民情、夥房祠堂、廟宇古蹟、節慶祭祀、褒忠惜字……，參同較異，斟酌損益，有助於交流觀善，進而提升客家文化在臺灣的地位與影響。

　　筆者曾走訪廣東梅縣（梅州）五華原鄉，以及江西贛州客家祖地，

又遠遊泰國曼谷古樸典雅的客家會館（潮州第一、客家第二）；在荷蘭萊頓大學客座研究一年期間，又常與來自南美洲蘇利南（Suriname）的客家鄉親聚會；在比利時魯汶大學客座研究一年期間，偷閒至捷克布拉格與匈牙利布達佩斯旅遊時，在國家音樂廳與歌劇院，欣喜邂逅來自馬來西亞婆羅洲（Borneo）與印度加爾各答（Kolkata）的客家鄉親，深刻感受到「有人的地方，就有中國（臺灣）人；有中國（臺灣）人的地方，就有客家人」，他鄉遇故知的親切，以客家母語溝通談話的感動，都讓筆者沉醉於「美不美，鄉中水；親不親，故鄉人」的情思之中，久久不能自已。

深切期待淑熙老師在《臺灣客家禮俗新探索》與《臺灣客家文化風情畫》二書之後，能夠持續探索三臺的客家禮俗與文化；若行有餘力，學以時進，則建議延伸到大陸客家原鄉（廣東、福建、江西、廣西、四川），以及四海五洲客家鄉親移墾「日久他鄉是故鄉」的艱辛血汗與深厚德業。更加期望客家有志之士，齊心齊力，一起攜手發揚優良善美的傳統客家精神，並共同創造新時代的客家文化，以迎向未來無限可能的挑戰與試煉。

椰鄉客　臺灣師範大學國文學系教授　賴貴三

癸卯正月二十一（2023.2.11）

謹識於屯仁學《易》咫進齋

自序

　　英國詩人威廉‧布萊克（William Blake, 1757-1827）的一首詩：
「一沙一世界，一花一天堂，君掌盛無邊，剎那含永劫。」這首詩說
明從宇宙洪荒，天地玄黃至科技文明發達的現代，一切生滅象徵永
恆，無盡的歷史，永遠傳承著瑰麗的文化。走過臺灣客家民俗風情畫
的蹊徑，我們尋根探源，不僅見到臺灣客家傳統文化「宗廟之美，百
官之富」的堂奧，更了解到傳統文化與先民的生活經驗相輔相成，具
有發皇歷史、綿延民族命脈的功能。在有如萍聚的人生中，尋訪客家
風情的歷史扉頁，先民用「喜、怒、哀、樂」譜出的生命組曲，令人
有「醲肥辛甘非真味，真味只是淡」的感觸。臺灣客家人因地制宜之
生存智慧，漸漸發展出來臺先祖未曾想像的客家新風貌。所有客家人
要飲水思源，無論社會如何改變，不要忘記祖先開墾的艱辛，要秉承
先人的教訓，做個良善的人。

　　《臺灣客家文化風情畫》一書，集結筆者近二年來參加客家學術
研討會所發表的學術論文與投稿世界客家雜誌的論文，全書內容涵蘊
臺灣藝文、禮儀、民俗等三單元，均是筆者在寫作過程與在大學執教
過程中，發現問題、窮究問題，透過文獻史料的搜集、考證資料，進
而闡述臺灣客家禮俗、民俗文化的源流、內容、意涵，並期望藉著相
關內容的研究與文獻探討，使年輕的一代也能飲水思源，了解臺灣客
家禮俗、民俗的教化意義。德國哲學家弗里德里希‧威廉‧尼采
（Friedrich Wilhelm Nietzsche, 1844-1900）說：「生活的意義，便是把
人生中各種遭遇，化為火光。」生為客家人，不可不知客家事。先民

們辛勤的耕耘，豐足我們的衣食，為我們編織絢爛的未來；先民們在這塊土地上披荊斬棘所流的血汗，灌溉了臺灣的沃野，潤澤了臺灣純樸的鄉土文化。因此引發個人寫作之動機，及一發思古之幽情。緬懷千古，和創業艱辛的先民心志相通。

《臺灣客家文化風情畫》一書，以臺灣客家藝文、禮儀、民俗等三種客家風情為觀照對象，一道感情的洪流，撞擊人們顫動的心扉，幻化成「人生有情淚霑臆」的生動故事；臺灣客家人奮鬥努力的悲歡歲月，又像涓滴不停的細流，流入鄉親的心扉深處，凝結成感人肺腑的篇章。全書第一單元「藝文編」包含：〈享譽國際指揮家臺灣之光呂紹嘉〉、〈臺灣客家文學風情觀舉隅〉等二篇論文。第二單元「禮儀編」包含：〈臺灣客家歲時節令儀典之研究〉、〈臺灣客家三獻禮的文化探源〉、〈臺灣客家傳統婚姻禮俗探析〉、〈從《禮記‧月令》探析臺灣客家節氣諺語的文化蘊涵〉等四篇論文。第三單元「民俗編」，包含：〈從客家飲食諺語探索客家傳統文化的內涵〉、〈從客家本色歌謠探析臺灣客家傳統文化內涵〉、〈從客家山歌初探臺灣傳統客家婦女的社會地位〉、〈臺灣客家茶文化內涵探析〉、〈臺灣客家節慶美食的文化蘊涵〉等五篇論文。

拙著能付梓成書，首先應該感恩的是在生命成長過程中，父母的苦心栽培，是我說客語與認識客家傳統文化的啟蒙師；其次應該感謝的是外子的包容與分擔，使我在身兼母職、教職外，仍有餘力重拾書本，到博士班進修，有幸能夠親炙博學鴻儒　古國順教授的諄諄教誨，引領學生開啟客語古籍文化的堂奧，使我能夠在涓涓不塞之學術洪流中，努力鑽研苞蘊宏富、浩如煙海的客家禮俗文化，使自己能夠積學儲寶，以提升寫作客家禮俗論文之能力。又幸承蒙　莊雅州教授、賴貴三教授之提攜與教誨，為我釋疑解惑，使我受益良多，浩瀚師恩，永銘心版。拙著能夠如期完稿，應該感謝的人實在太多，包括

提攜我的中華民國商業教育學會秘書長江文雄教授,臺北市立大學林慶彰教授、陳光憲教授,中央大學蔡信發教授,國立臺北教育大學孫劍秋教授,中華文化教育學會理事長葉鍵得教授,新生醫護管理專科學校劉醇鑫教授、何石松教授、劉勝權教授,新生醫專每年均與客家委員會合辦客家文化傳承與發展學術研討會,讓拙著有幸能夠與客家學者專家切磋請益;世界客家雜誌社盧瑞琴董事長、彭莉惠榮譽社長、黃人山社長的提攜與鼓勵,讓我在教學之餘,仍能優游於客家禮俗文化的寫作。而今更應感謝萬卷樓圖書出版有限公司梁錦興總經理、張晏瑞總編輯、楊佳穎編輯之玉成與贊助,使筆者能夠一圓出書夢。

拙著各篇論文之內容,受限於個人才疏學淺,仍有闕漏之處,筆者不敏,定惕勉自我,再接再厲,假以時日,繼續拓展探討範圍,使未來相關之研究能更臻完善。拙著疏漏之處,敬祈 博學鴻儒,不吝指正賜教,謹致謝忱。

目次

壹 藝文編

參　民俗編

導言
臺灣客家文化發展的現況與省思

一　前言

　　客家人是中華民族中重要的支系，客家鄉親原本居住在大陸中原一帶，近一千年來五次大遷徙[1]，至明末清初兩千多年間，由於內陸人口的膨漲，以及戰亂的因素，輾轉遷徙到廣東中部以及沿海地區，到如今已繁衍發展到一億二千多萬人口，分佈在海內外各國和地區。有些更飄洋過海至臺灣北部的桃、竹、苗地區，以及南部的高雄、屏東一帶墾殖荒地。目前全臺灣約有四百多萬人，起初先民都是依山而居，赤手空拳來開創自己的家園，以種植稻田、茶樹維生，所以養成吃苦耐勞、委屈求全的精神。他們流血流汗的辛勤耕耘，為後代子孫開闢了安身立命的鄉土家園。一枝草、一點露的耕讀精神，讓客家文化的薪火能夠永遠傳承下去。

　　隨著二十一世紀科技文明的日新月異，臺灣客家文化的保存與發揚，已面臨嚴峻的挑戰與考驗，幸好臺灣多數的客家族群，仍肩負著傳承歷史文化的使命，他們用全部的生命，來耕耘家鄉這塊土地，潤澤了臺灣純樸的鄉土文化。二○二○年十一月十二日泉州國立華僑大學名譽教授、紐約兩岸歷史文化研究中心主任湯錦臺教授蒞臨世界客家雜誌開會，湯教授語重心長地訴說：「客家人一路走來，異常艱辛，發展到今天，確實不易。然而，展望未來，客家人作為一個群體，

1　羅香林：《客家研究導論》（臺北市：南天書局，1992年），頁45-62。

其前途卻充滿了不確定性，這是全球客家子民不能不共同嚴肅面對的重大隱憂。導致客家前景堪憂的根源只有一個，就是世界的變化太快，傳統凝聚客家認同的力量，已不足以維繫客家人集體生命的延續。」[2]的確是深中肯綮的言論，筆者有感而發，因而寫下臺灣客家文化發展的現況與省思一文，希望客家文化的薪火能夠永遠傳承下去。

二 臺灣目前客家文化的發展現況

盱衡臺灣目前客家文化的發展現況，約有下述幾個面向：

（一）客家文化會館與主題公園的建置

客委會斥資建置客家文化會館與客家主題公園的建置，例如，屏東六堆的客家文化園區。六堆客家文化園區是客家委員會客家文化發展中心的所屬園區，位於臺灣屏東縣內埔鄉，是為了保存、展示高雄市及屏東縣的十二個客庄行政區之客家生活風貌所成立的國家級客家文化園區。六堆客家文化園區像六頂斗笠的造型，美輪美奐，吸引遊客造訪，並且可以更深入了解全館的主題藝術的意涵。

（二）客家語初級中級檢定的證照考試

近年來客委會大力推動客家語初級中級檢定的證照考試，並以獎學金鼓勵中小學生踴躍報名參加檢定，期盼年輕的客家子弟也能以流利的客語與他人交談，以增進族群的融合，但筆者在中學與大學執教時，每每請問學生是客家人與會說客語的請舉手？但是只有少數學

---

2 湯錦臺：〈客家路漫漫〉，《世界客家雜誌》，第35期（臺北市：蘭臺出版社，2022年），頁65。

生聽懂初淺的客語，或者會說幾句客語的問候語。客委會每年舉辦的客家語初級中級檢定的證照考試，用意雖佳，但成效不如預期，甚為可惜。

（三）客家鄉鎮觀光景點活動的推廣

「浪漫臺三線，世界客家文化列車」是由客家委員會與臺北市、桃園市、新竹縣、苗栗縣、臺中市五縣市共同合作推動，「橫跨最多縣市、長度最長、觸及鄉鎮最多」的「浪漫臺三線藝術季」，探討客家歷史、人文、生活的一系列活動，體驗臺三線客庄的新風貌，重新翻轉大家對客家文化的刻板印象。行腳到了有名的傳統客庄，有「龍潭第一街」之稱的「三坑老街」、鼓動茶香在關西音樂季、竹東市場浪漫好食光等特色，讓人能夠親自體驗道地客家文化與客家美食的魅力，讓海內外客家鄉親知道，臺灣的客家文化是如此地吸引人。

三　臺灣客家文化發展的省思

依據湯錦臺教授的建言，下述幾點是目前臺灣客家文化發展值得省思的地方：

（一）客家文化應如何傳承，客家人應如何立足於世界

客家文化是「中國傳統文化的活化石」，中國傳統文化的內核就是儒家文化，客家人的許多觀念和民俗，是和儒家文化一脈相承的。儒家文化提倡「天人合一」的天人觀，這種「天人合一」的觀念在客家文學、客家飲食、客家建築、客家民間信仰等諸方面都得到了典型的體現，反映了客家人在傳統社會追求人與自然和諧，協調人與人、

人與社會關係方面的生存智慧。[3]語言是文化的載體，文化是族群團體自我認同的核心所在，透過語言，可以了解族群的文化，發現族群的生活智慧、態度、哲學……，因此要保存文化，語言的遺失，將是最大的障礙。客家話，客家人稱為「祖公話」或「家鄉話」，每當祭祀祖先及宗親相聚時，禁止使用客家話以外的語言。客家人所謂「寧賣祖宗田，不忘祖宗言；寧賣祖宗坑，不忘祖宗聲。」的俗諺，也反映了客家人尊祖敬宗，長期保存傳統文化的心理。

（二）認同客家人的歷史來源，建立客家人的族群意識

　　客家祖先發源於中原，就是現在的河南及山東西部，河北、山西的南部，陝西東部，地居華夏之中；客家人因幾經戰亂，流離播遷數萬里，歷經數朝代，所到之處聚族而居，始終保留其原有語言、風俗習慣、未被當地人同化。根據歷史的記載，客家人不停的遷徙，造就了客家人艱苦、勤儉的生活習性。客家鄉親原係黃河流域中原地區漢民族的一支，因為戰亂避禍，或擴展延續生命的版圖，不得不南遷長江流域。[4]至明末清初兩千多年間，由於內陸人口的膨脹，以及戰亂的因素，輾轉遷徙到廣東中部以及沿海地區，有些更飄洋過海至臺灣北部的桃、竹、苗地區，以及南部的高雄、屏東一帶墾殖荒地。從〈客家本色〉歌詞中，我們能深切體認到客家人離鄉背井，到異鄉打拚的艱辛。

3　宋德劍：〈天人合一的天人觀──儒家生態文明的視野下的客家文化〉，《第五屆儒學國際學術研討會論文集》（臺北市：臺灣學生書局，2011年）。
4　羅香林：《客家研究導論》（臺北市：南天書局，1992年），頁64-65。

（三）尋訪客家人的足跡，讓臺灣客家人與海外客家人心手相連

　　客家人重視傳統，不忘本源，他們將其宗族之淵源以及其先人南遷的概況，鄭重其事地寫進祠堂的楹聯，以昭示後代。這些楹聯，一方面成為人們研究客家先民南遷及客家民系形成的重要資料，另一方面，流露出客家人重傳統、重宗族、重本源的觀念，表現出客家人移民文化的特質。客家人因自身的顛沛流離，在時時為客、處處為客的窘境中，最為痛切地體驗到故土的可貴。在客家人的傳統文化中，充分表現出濃厚的移墾社會痕跡，刻苦耐勞、遵守祖訓，探究生命本源，承續傳統文化與風俗，遂漸漸形成客家人特有的民族性。直到今天，客家鄉親的後裔，對祖居地仍念念不忘。在祠堂、祖屋的大門口都要掛上姓氏堂號及堂聯，以寄託自己對祖先、故土的思念；同時啟發後人奮發進取，不要忘本的傳統美德。

四　結語

　　湯錦臺教授提出臺灣客家文化發展的願景，首先就是網路資源的建置與視頻的推廣，電腦科技文明一日千里，網際網路的推出，實現遠距教學的夢想，在滑鼠指點之間，無限延伸的視窗，為人類開啟奇異多彩的世界。並且可以穿越時空的隧道，縮短時空的距離，成為人類互通訊息最便捷的工具，讓海內外的客家鄉親能夠心手相連，共同為客家文化發展貢獻心力。整合性的資訊系統，有著融合教育與生活的能力。我們預期未來人們溝通訊息，將會隨網路視頻的推廣，可以傳遞語言、文字、影像，我們可以藉由網路視頻的推廣，將臺灣客家文化向世界各地的客家鄉親介紹，不但可以縮短臺灣與世界各地的距離，讓大家有身歷其境的感受，更可以讓血濃於水的鄉親鄉情，展現無遺。

　　其次就是客家文化的傳承，是源遠流長的長遠大計，在多元化的現代，客家話是延續客家文化的當務之急。根據行政院客家委員會在一九九五年所統計，能將客家話琅琅上口的年輕人比例只有百分之十一點六，這些現象不禁令人憂心不已。有人說住在都會區的客家人，猶如隱形人，出外都說國語或閩南語，不敢說自己的家鄉話，怕被別人笑。長此以往，客家語快被其他語言所同化了，這的確是不容掉以輕心的嚴重問題。「還我母語三十週年系列活動」，如何讓客家語復甦，是責無旁貸且刻不容緩的重要工作。

　　隨著二十一世紀科技文明的日新月異，臺灣客家文化的保存與發揚，已面臨嚴峻的挑戰與考驗，幸好臺灣多數的客家族群，仍肩負著傳承歷史文化的使命，他們用全部的生命，來耕耘家鄉這塊土地，潤澤了臺灣純樸的鄉土文化。我們尋根探源，不僅見到臺灣傳統客家宗祠文化「宗廟之美，百官之富」的堂奧，更了解到傳統文化與先民的生活經驗相輔相成，具有發皇歷史、綿延民族命脈的功能。筆者認為「身為客家人，不可不知客家事」，大家應心懷感恩，感謝祖先的庇佑，讓我們能享受如此多的福澤。生於斯，長於斯的臺灣客家子民，應該牢記創業維艱，守成不易的至理名言，不可以數典忘祖，應該發揮生命共同體的理念，傳承先民的生活經驗與努力的成果。並期望藉著相關內容的研究與文獻探討，使年輕的一代能夠飲水思源，了解臺灣客家傳統禮俗文化的教化意義。

壹

藝文編

第一章
享譽國際指揮家臺灣之光呂紹嘉

　　二〇二一年二月十五日大年初四早上筆者以雀躍的心情，迎著和煦的春陽，信步走到座落於臺北市大安區青田街的華廈，去探訪享譽國際樂壇的旅歐名指揮家呂紹嘉（外子的表弟），溫文儒雅的紹嘉表弟，以沉穩的語調，娓娓暢述學習音樂的心路歷程，猶如聆賞一首溫馨動人的樂章，心湖深處頓時洋溢著發現的歡喜與懷舊的感念。

一　個人家庭簡介

　　紹嘉出生於臺灣竹東的書香世家、醫生世家，祖父是教育家，父親是懸壺濟世的仁醫，母親是小學教師。父親就讀臺北高等學校（臺灣師範大學的前身）時，深受四育並重教育的影響，除了要有優異的成績，在藝術方面也受到很大的啟發，嚮往歐洲文化，喜愛歐洲古典音樂，曾經蒐集日文版舒伯特藝術歌曲的唱片，並購買最好的史坦威鋼琴，希望五位子女從小就能培養高雅的音樂情操，用音樂來滋養生命。在父母良好的家庭教育栽培下，紹嘉六歲就開始學鋼琴，後來又跟隨新竹名師盧俊政老師精進琴藝，並接受古典音樂的薰陶，參加全國鋼琴演奏比賽，屢獲佳績，但小時候並未將音樂，當作自己未來的職志。

二　學習音樂的心路歷程

　　紹嘉高中畢業後，也跟隨親友的腳步，報考聯考的內組，考上了臺灣大學心理系。對於古典音樂的愛好，卻是始終如一。臺大是最好的土壤，是培育臺灣傑出人才的最高學府。大學四年很幸運的能夠悠遊於各社團與合唱團，大學時代自認是發現自己潛能之旅，也是他學習指揮的啟蒙時代。在一次鋼琴伴奏的機會中，獲得當時臺北市立交響樂團團長陳秋盛的賞識與提攜，陳團長猶如伯樂慧眼識英才，並鼓勵紹嘉朝指揮之路發展。大學時代參加合唱團與管弦樂隊，擔任樂團與歌劇伴奏的歷練，偶然的機緣，代為上臺指揮，兩小時三十分的指揮初體驗，與團員間的合作與默契漸入佳境，請他擔任指揮的邀約接踵而至，陳秋盛老師期勉的話語又在耳畔響起，讓他重新燃起學習指揮的意念，指揮的吸引力，內心的悸動與自覺，堪稱發現人生方向之旅，更確立了未來自己應走的路程。

　　在大學畢業後，紹嘉以吹奏雙簧管的技巧考進國防部示範樂隊，兩年擔任樂手職務的歷練，讓他沉潛思考，應該是申請出國進修的最佳時機了。於是，遠赴美國印地安納大學研讀鋼琴演奏，並通過指揮的考試，可惜在大學裡鮮少有指揮樂團的實務機會，陳秋盛老師希望紹嘉回國擔任陳老師的助理指揮。因此，一年後回臺，擔任臺北市立交響樂團助理指揮一職，而有指揮歌劇、芭雷舞團實務經驗。隨後於一九八八年赴義大利 Accademia Musicale Chigiana di Siena 指揮班，追隨大師 G. Rozhdestvensky 學習。後赴奧地利維也納攻讀指揮，並於一九九一年畢業於維也納音樂院，正式走向職業指揮家一途。

三　參加國際大賽的經驗

　　自一九九一年於維也納音樂院畢業後，紹嘉接連在國際上各項指揮大賽中獲得殊榮，一九八八年拿下法國貝桑松大賽的首獎、一九九一年榮獲義大利佩卓地大賽的首獎、一九九四年榮獲荷蘭孔德拉辛大賽的首獎，成為指揮界罕見的三冠王，也奠定了他在國際樂壇上的聲望。在贏得多項重要的國際指揮大賽首獎後，紹嘉展開了他在歐洲輝煌的指揮生涯。在歌劇的領域中，從一九九五至一九九八年任柏林喜歌劇院首席駐團指揮，帶領了三十多部歌劇數百場的演出，奠定了堅實的指揮歌劇的基礎，並獲得傑出歌劇指揮家的聲譽。

　　紹嘉分享得獎的心得：第一次得獎時，仍是維也納音樂院的學生，如初生之犢內心很雀躍，感覺自己擁有了整個世界；第二次得獎時，內心是沉穩的，以平實的心期勉自己，比賽不是結束，而是要接受職場上更多的甘苦；三十四歲那年第三次得獎，鞭策自己要孤注一擲，一炮打響自己的知名度，這是最後一次參加比賽，日後要在職場上接觸更多的考驗與學習的機會。參加比賽是證明自己的能力，給自己創造更多的機會，比賽得名只是一個開始，之後進入職場有更多的挑戰；日新又新的努力精進，讓紹嘉的指揮生涯更上一層樓。

四　負笈海外揚名國際的體驗

　　紹嘉於一九九八至二〇〇四年間，出任德國國家萊茵愛樂交響樂團與柯布倫茲市立歌劇院音樂總監（Music Director），其間他以無數精彩深刻的音樂詮釋，獲得了團員及愛樂者的愛戴，他並曾帶領該團於北京、上海、義大利米蘭等地巡迴演奏。並於二〇〇四年五月獲文化部長頒贈象徵該省文化最高榮譽的 "Peter Cornelius" 獎章。

　　紹嘉於二〇〇一至二〇〇六年間，接掌德國漢諾威歌劇院總監一職，漢諾威是德國的大城市，以第一位非德裔身分掌此重職的紹嘉，深感其將自身東方文化特質融入德國傳統音樂的重責大任，以臺灣人為傲，在短短的一年內，將自己理念與德奧經典曲目完美結合，打造出一座東西方兼容並蓄的一流歌劇院，淋漓盡致的表現，使得漢諾威歌劇院在德國的排名提升至前三名，著名的音樂雜誌《歌劇世界》更曾將他列名為年度最佳指揮的人選，足以肯定他非凡的成就。二〇一四至二〇一七年間，並兼任丹麥南日德蘭交響樂團首席指揮。

　　紹嘉分享指揮國際樂團的心得：指揮歌劇是艱苦的訓練，全神貫注的指揮，未經排練，直接上場，在最短的時間，作最有效的應用，七、八十場的歌劇指揮，三年的磨練，奠定自己指揮樂團厚實的基礎。擔任樂團總監，任務更廣，要負責城市的音樂，要先排定節目，是一大考驗與磨練。發現自己不是德國人，期許自己要將東方與臺灣的特色融入歐洲樂團，讓中西方合璧的音樂特質，帶給樂團嶄新的風貌。

五　指揮國家交響團的感想

　　紹嘉於二〇一〇至二〇二〇年間，擔任我國國家交響樂團總監，NSO（National Symphony Orchestra）是我國國家交響樂團的英文縮寫，長達十年，率領樂團以臺灣愛樂（Taiwan Philharmonic）之名，至美國、歐洲及亞洲巡迴演出，獲得極高的評價與榮耀。二〇二〇至二〇二一年續受聘擔任藝術顧問，期盼在紹嘉的引領下，國家交響樂團繼續在世界各國發光發熱。

　　臺灣客家電視臺（CH17）與二〇二一年農曆春節連續五天播出特別專輯「遇見呂紹嘉與 NSO」，這是音樂會混合訪談傳記的形式，呈現給臺灣客家鄉親觀賞。第一天指揮樂隊演奏的曲目是鄧雨賢的

〈望春風〉，這首大家傳唱已久的臺灣歌謠，經過音樂大師蕭泰然的改編，融入臺灣的多元文化，傳達出悲苦、哀怨，樂天又有些戲謔的氣質，將三分典雅、七分俚俗的樂曲，譜成雅俗共賞的臺灣民謠演奏曲。可見音樂就像潺潺流動的河水，匯聚小水流而成大江大河，演奏出扣人心弦的樂章。

　　紹嘉分享指揮國家交響樂團的心得：指揮樂團從歐洲回到臺灣，一路走來是連續的過程，箇中的甘苦，如人飲水，冷暖自知。回到臺灣，體認臺灣是自己的土地，責任更重大，除了擔任橋樑，更有教育的責任，教育的重點是建立自己人對音樂的「主體性」與「自信心」。雖然「古典音樂」來自西方，但它早已是世界共通的語言，臺灣樂團的水準已足夠成一家之言。我們應從被動的認為自己只在「學習」、「模仿」，轉化成主動思考：我們如何以自己的特色，帶給古典音樂更豐富的養分？除了已臻成熟的樂團演奏能力外，臺灣人的特有歷史背景、文化底蘊、民性的勤奮、學習能力、包容力與適應力……在在都是我們豐富世界音樂文化的優勢特點。

六　未來的期許與展望

　　指揮家無疑是在近代古典音樂發展過程中，最為關鍵的一個角色，更是樂團的靈魂人物。紹嘉語重心長地提出對臺灣樂團期勉的經典話語：

一、精緻：音樂是精緻的藝術，要求音樂品質的精緻，聽覺上的精
　　緻、節目的安排與演奏質地的精緻。古典音樂是活的藝術，猶
　　如源頭活水，不是曲高和寡的。
二、深刻：音樂是深刻的藝術，深刻的音樂才能觸動聽眾的內心。

感動與被感動，這是上帝給予人類的恩賜，也是音樂家一生神聖的使命。

三、悸動：無論是音樂家或聽眾，不要忘記初次被音樂觸動的那顆顫抖的心。一首動人的樂曲，不管聽了、演了多少遍，永遠保有如第一次接觸那種純真與新鮮感。「悸動」就是莫忘初心。

一小時三十分的訪談，恰似聆聽了一場精彩的音樂會，戛然奏下休止符，令人低迴，令人輕嘆。更感悟到臺上三分鐘，臺下十年功的甘苦。感謝紹嘉引領我穿越時空的隧道，尋訪十七世紀歐洲音樂殿堂的堂奧，猶如聆賞一場世紀交替的音樂嘉年華會，從德國音樂家貝多芬、德國音樂家巴哈、德國音樂家華格納、捷克音樂家德佛札克，延伸到臺灣的作曲家鄧雨賢，足證音樂不受時空的影響，是無國界的。孔子說：「廣博易良，樂教也。」的確是中肯之言。德國哲學家尼采說：「生活的意義，便是把人生中各種遭遇化為火光。」紹嘉用那雙巧手指揮海內外無數樂隊演奏，揚名國際，堪稱臺灣之光、竹東之光，更是客家人之光，我們與有榮焉。期盼在紹嘉引領下，讓國家交響樂團繼續在世界舞臺上綻放璀璨的光芒。

第二章
臺灣客家文學風情觀舉隅

一　前言

　　開啟臺灣客家文學的堂奧，由日治時期的日文寫作到華文寫作，歷經民間鄉土文學、古典文學、現代文學三個階段，其中所呈現的時代風格、族群意識與生活情境的描寫，是客家人在長期的人生經驗與歷練過程中，逐漸累積、創造而成，是耐人探索與玩味的。「臺灣客家文學」是以徙居臺灣的客家人，在臺灣三百多年來的臺灣經驗為軸心、發展出來的文學作品，都屬於臺灣客家文學的範疇。這裡沒有族群的問題，他可能是客家人，也可能是福佬客、客福佬或其他族群的人所寫的作品，也可能是以客語或其他的語言書寫的。葉石濤提出：「沒有土地，哪來文學」的觀點[1]，土地是臺灣客家運動反思的起點，以臺灣的土地為基點的思考，就是臺灣客家人的思考。鍾肇政先生在〈客家文學是什麼〉中說明臺灣客家文學的定義：「文學是靈活的，語言與客家意識也將隨時代的腳步而變動，所以不管使用何種語言與意識型態，只要具備客家史觀的視角或意象思維，均是客家文學的一環。」[2]正說明了「臺灣客家文學」的涵義是寬廣而周延的。

1　葉石濤：「只要臺灣文學能繼續有力地反映臺灣居民的共同意願，描畫了臺灣居民豐富又深刻的人性，不背叛臺灣居民的抵抗精神，那麼臺灣文學始終能茁壯地繼續生長，踏入世界文學之林。這真是沒有土地，哪來文學呢？」見葉氏撰：《沒有土地，哪有文學》，臺北市：遠景出版社，1985年。

2　鍾肇政：〈客家文學是什麼〉，收錄於黃恆秋：《臺灣客家文學史概論》（新北市：客家臺灣文史工作室，1998年6月），頁1。

　　時間是亙古的傾聽者，一個回眸值得一世的等待，在山巔水涯，四季的遞嬗，見證客家先民的辛勞。踏過歷史的軌跡，先民們胼手胝足，深入窮鄉僻壤墾殖田園，在無邊的綠色大地，一畦畦的稻田，一樹樹的茶園，伴隨著先民成長。日出而作，日入而息，鑿井而飲，耕田而食。寒來暑往，日復一日，他們翹首雲天，默默不語，即使「鋤禾日當午，汗滴禾下土」，也毫無怨言。金黃色成熟的稻穗迎風搖曳，看在先民們的眼裡，不禁流露出欣慰的笑容，經年累月的辛勞，頓時化為雲煙。追溯先民在臺灣開疆拓土的跫音，像輕叩窗櫺的細雨，不斷撥動著每個鄉親的心弦，他們用全部的生命，來耕耘家鄉這塊土地。一道感情的洪流，撞擊人們顫動的心扉，幻化成「人生有情淚霑臆」的生動故事與傳唱的歌謠；他們奮鬥努力的悲歡歲月，又像涓滴不停的細流，流入鄉親的心扉深處，讓思鄉思親的愁懷，凝結成感人肺腑的詩篇與生活經典的諺語。本論文以臺灣客家文學中的詩歌、諺語為觀照對象，分別敘述桐花情、耕讀情二種客家風情，期望藉著相關內容的探討，使年輕的一代也能了解臺灣客家文化的蘊涵。

二　臺灣客家文學的類型

　　「臺灣客家文學」是生活在臺灣的客家人所創造的文學定義而言，書寫的範圍，可以略分為：「臺灣客家民間通俗文學」及「臺灣客家創作文學」二大類。

　　（一）臺灣客家民間通俗文學，有下述幾個面向[3]：

1. 歌謠：山歌詞、民謠、童謠、兒歌、勸世歌。
2. 民間故事：傳說故事，歷史掌故。有取材於歷史人物事件者，有

3　彭瑞金：〈臺灣客家文學素描〉，《文學臺灣》第76期（2010年10月），頁37-39。

為達到勸俗諷世目的編造之故事，也有為憑添生活趣味之傳奇，
客人所謂之「講古」。

3. 俗語文學：有俚語、諺語、謎語（鈴仔）、歇後語（師傅話）、笑
話、聯語（四句）、白頭帖（大字報）、禱詞（即請神文）、對仔
（對句）、燈謎、花燈詩等。

4. 戲文（劇本）：傳仔（即客家人的說唱藝術）、採茶戲文、戲棚頭
（俗稱敲仔板，即採茶戲裡之口白）。

從上述分類，可見客家先民傳承客家獨特的文化，將豐富的生活
經驗，與客家族群勤儉樸實的特質，經由智慧的結晶，運用客家語
言，寫成啟人深省與教育意涵的民間通俗文學，這些作品，幾經社會
的變遷、政治的更迭，仍是歷久不衰。

（二）臺灣客家創作文學，根據羅肇錦教授的研究，臺灣客家文
學書寫性質，可區分為二大類：[4]

1. 傳統漢文文學：包括：詩歌、散文、傳仔、山歌、民間故事、童
謠、諺語、古漢文書等。傳統漢文文學的時限，始自清代以來以
漢字書寫流傳在臺灣客家族群的山歌、採茶戲文、童謠、諺語、
民間故事等。這些具有獨特色彩的書寫內容，最能代表客家族群
的特色。

2. 現代客家文學：包括：口語客家詩、山歌、散文、小說、戲劇、
說唱藝術等。客家人參與臺灣新文學運動的情形，包括客籍作家
在臺灣新文學運動扮演的角色、作品呈現的客家特質等。

綜上所述，可知臺灣客家創作文學，承繼了傳統的漢文化，又融
合現代的新文化與新的詞彙用語，使得臺灣客家創作文學的內容，展
現新的風貌與獨特的客家特質。

4　羅肇錦：〈民間文學的選項與客家〉，《客家文化月第一屆臺灣客家文學研討會論文
集》（苗栗縣：苗栗縣文化局，2001年12月），頁28。

三 臺灣客家民間文學所蘊涵的風情觀

傳統的臺灣客家民間文學，其情感根源不離臺灣社會文化，不會因為它的庶民性格，或屬於俚俗文化，而讓部分人認為客家文學難登大雅之堂，它們都具有深厚的客家文學價值。[5] 本篇論文是以臺灣客家文學──諺語、詩歌、歌謠為觀照對象，分別敘述桐花情、耕讀情二種客家風情，如下：

（一）桐花情

1 生命的軌跡

> 滿山的桐花語
> 像你滿滿笑意
> 滿山的桐花雨
> 飄落滿地
> 像女孩穿碎花裙
> 轉呀轉　轉不停
> 踩著日光跳舞
> 享受每寸光陰

客家歌手羅文裕為「二〇一五年客家桐花祭」創作的主題曲[6]，描寫油桐花在群山間怒放，引人入勝的情境，牽引著我內心深處塵封已久的往日情懷，也喚起我童年生活中一段美好的記憶。

---

5 劉煥雲、黃尚煃、張民光：〈臺灣客家文學與客家學之發展研究〉，《文學新鑰》第5期（2007年6月），頁64。

6 羅文裕：〈二〇一五年客家桐花祭主題曲〉，《臺灣光華雜誌》。

　　時光遞嬗，四季更迭，客家先民飄洋過海，赤手空拳從原鄉來臺灣開創基業，他們以吃苦耐勞、委屈求全的精神，為後代子孫開闢了安身立命的鄉土家園。走過歷史的軌跡，先民們胼手胝足，深入窮鄉僻壤墾殖油桐木。寒來暑往，幾度春秋，他們流血流汗的辛勤耕耘，在無邊的綠色大地，在蜿蜒的山坡上，一樹樹的油桐樹，打造了風貌殊異的客家新故鄉。在油桐花盛開的季節，全臺各地都會飄起一場浪漫的桐花雪。行走其間，猶如踏雪而行，美不勝收。臺灣客家先民因地制宜的生存智慧，創造了來臺先祖未曾想像的客家新風貌。俗話說：「有客家人的地方，必有桐花」，可見桐花已成為臺灣客家文化的新意象。

　　猶記兒時住在桃園市龍潭區的銅鑼圈，每年到了四、五月間，映入眼簾的是滿山遍野的油桐花，一簇簇一叢叢的潔白花朵，綻放在群山綠樹間，油桐花妝點滿山的白，不僅憑添大自然的詩情畫意，更委婉道出客家人勤勞開墾山林，堅忍剛毅，共生共存的歷史軌跡。我和童伴經常留連在桐花樹下嬉戲，在微風輕拂下，撿拾如天女散花般，飄落地面的潔白花瓣，當作扮家家酒的美食佳餚；有時候收集眾多的花瓣，經由玩伴的巧手編織成美麗的花環，戴在頭上，好像新嫁娘的頭飾，真是好看，油桐花為我兒時注入一股歡笑的泉源。

2　發現的歡喜

> 填滿胸膛的油桐綠
> 輕擁山野的油桐白
> 天地有情、草木有情，我們深情
> 凝視我們
> 我們微笑相迎

　　詩人李喬先生的〈桐花詩〉[7]，以抒情寫意的筆調，描寫在有情天地之中，油桐花在綠樹掩映的山野間，綻放出潔白的花朵，浪漫的迎接人們的造訪，全詩寓意深遠，值得玩味。

　　法國雕塑家羅丹（Auguste Rodin）說：「這世界並不缺少美，而是缺少發現。」的確，油桐花的外形不只具有潔白芳姿的美，令我們驚嘆的是油桐木的經濟價值。根據臺灣文獻的記載，讓我們發現油桐樹內在的實用價值。在明末清初兩百多年間，客家鄉親離鄉背井遷徙至臺灣北部的桃園、新竹、苗栗地區，以及南部的高雄、屏東一帶墾殖荒地。油桐木引進臺灣已經有百年的歷史，它原產於長江流域，在日治時期被引進臺灣苗栗、新竹山區。回溯到日據時代，由於桐木質硬體輕，適用於製成木屐、抽屜，而桐子油則是防水塗料、油漆的主要原料，因此日本人鼓勵桃園、苗栗地區客家聚落的居民，以種植油桐樹為產業經濟的原動力。油桐子榨出的桐油，則是製造油漆的重要原料，頗負盛名的美濃紙傘，就是以塗桐油來防水。

　　據說一九七七年政府在實施山地保留地加速造林政策時，油桐樹就是獲選的重要樹種之一。喜歡生長在丘陵、山坡地以及貧瘠的黃紅土的油桐樹，有著生長環境越差，花開得越漂亮的特性，正好印證了客家人吃苦耐勞、隨遇而安的精神，因此潔白的油桐花也成為客家精神的表徵。當年政府鼓勵客家先民栽種油桐樹，希望以油桐木加工賺取外匯，因而在臺北、桃園、新竹、苗栗、南投、雲林、屏東、花蓮等地廣為栽植。臺灣北部滿山遍野的油桐樹，曾經是客家人早年的重要經濟作物，為客家庄帶來了不少經濟價值。在先民不斷的努力耕耘下，桐子油在從前曾經大放異彩，改善了客家族群的經濟生活與生產能力。但隨著時代的變遷，科技文明產物的日新月異，桐子油漸漸失

7　桐詩桐顏首部曲（https://blog.xuite.net/fbuon2881170/twblog1/118987439，檢索日期2011年4月25日）。

去了民生上的經濟價值。而今滿山遍野的油桐花，妝點了客家族群樸實的生活，這一切努力的背後，卻是先民流下無數的血汗與清淚換來的，回首先民所烙印下腳踏實地的履痕，不禁令我們油然而生懷舊的感傷。

3　懷舊的感傷

> 三四月間，油桐開花，花白如雪，
> 八九月間，油桐落葉，葉黃如土。
> 阿爸在世，滿山種桐，桐子商人買，
> 阿爸過身，滿山桐花，桐花詩人惜。

新竹教育大學范文芳教授的〈桐花詩〉[8]，以真摯感人的筆觸，簡練質樸的客家語文，描寫油桐樹花開花落的情景，以及對父親懷念追思的作品，意象鮮明生動，孺慕之情，令人動容。

在生命成長的過程中，感恩感謝父母教養之恩與苦心的栽培，也是我說客語與認識客家傳統文化的啟蒙師。個人有幸在大學畢業後，能夠克紹箕裘，獻身梓里教育。在一九九八學年度有幸參加桃園縣鄉土語文競賽客家語詩歌吟唱與臺灣省鄉土語文競賽客家語詩歌吟唱比賽，均榮獲社會組第一名。當時筆者吟唱的詩歌，就是新竹教育大學范文芳教授以簡練貼切的客家語文，描寫懷鄉的作品，意象鮮明生動，耐人尋味的〈桐花詩〉。指導我吟唱這首詩歌的老師，就是當時擔任小學校長的父親，父親以字正腔圓的客語，教導我吟誦這首詩歌，並叮嚀吟唱詩歌，要將全詩的意涵融入感情中。感恩感謝父親的諄諄教導，讓我在客家語詩歌吟唱比賽有佳績出現。

8　桐詩桐顏首部曲（https://blog.xuite.net/fbuon2881170/twblog1/118987439，檢索日期2011年4月25日）。

　　每次吟誦范教授所寫的〈桐花詩〉，腦海深處就洋溢著先民們辛苦種植油桐樹一幕幕的情景；白底紅心的桐花，以潔白素雅的魅力，訴說著客家人顛沛流離的前塵往事，讓後代子孫興起無限的懷想與悲憫的情懷。看到桐花飄落地上，揮灑出「質本潔來還潔去」的形貌，令人萬分疼惜。就如同先民們無力改善周遭環境，而產生萬般無奈的感傷與落寞的情懷。當油桐子豐收時，就賣給商人以改善家裡的經濟。時光荏苒、歲月如梭，慈愛的父親在二○○七年不幸辭世。在〈桐花詩〉中，描寫父親杳如黃鶴時，桐花迎風搖曳，以雪白的芳姿佇立在大地上，令人油然而生「樹欲靜而風不止，子欲養而親不在」的悲嘆。而今再次吟誦這首〈桐花詩〉，父親的音容笑貌，依舊歷歷在目，令我不禁熱淚盈眶，感傷思親的情懷，卻久久未能平復。

4　風華的展現

> 花白如雪，葉黃如土，
> 桐花祭的是原鄉與異鄉，
> 祭的也是父親與父親的年代。

　　金門詩人楊樹清先生的〈桐花祭〉詩[9]，描寫客家先民們在窮鄉僻壤披荊斬棘，經年累月辛勤的耕耘，終於讓桐花在滿山遍野間綻放耀眼迷人的潔白雪花，照亮了群山峻嶺，潤澤了臺灣純樸的客家文化，讓桐花的圖像與臺灣客家的意象相互串聯，更開展了桐花祭重要的民俗活動。

　　歲月悠悠，幾經寒暑，每年初夏的四、五月間，遠眺油桐花在群山綠蔭中競豔，優雅雪白的身影在風中搖曳，傳頌著永不停歇耐人尋

9　桐詩桐顏首部曲（https://blog.xuite.net/fbuon2881170/twblog1/118987439，檢索日期2011年4月25日）。

味的歷史故事。結合了桐花的美和客家文化的「桐花祭」，更展現出客家人「感恩惜福，勤勞節儉，愛物惜物、吃苦耐勞」安身立命的人生哲學，讓我們深切的體會到傳統的文化與先民的生活經驗相輔相成。二〇〇二年開始經由行政院客家委員會的大力推動，舉行向土地、山神、天神的祝禱祭告儀式，表達對山林大地的感激與崇敬，並期盼客家子孫能夠再造鄉土與人文的榮景。「客家桐花祭」成為臺灣跨縣市的民俗活動，更成為客家傳統文化的指標。桐花祭活動的主要區域以臺三線沿線的歷史為主軸，使文化創意與產業結合，更讓每位參與桐花祭的人們，油然而生思古的幽情，以及血濃於水的鄉情。

打開塵封的記憶，心湖深處交錯著「發現的歡喜」與「懷舊的感傷」。穿越灑滿桐花的小路，傾聽先民在臺灣開疆拓土的跫音，像輕叩窗櫺的細雨，不斷撥動著每位鄉親的心弦，他們用全部的生命，來耕耘家鄉這塊土地。撫今追昔，他們奮鬥的悲歡歲月，像涓滴不停的細流，流入鄉親的心扉深處，讓思鄉思親的愁懷，凝結成感人肺腑的詩篇。一枝草、一點露的耕讀精神，讓客家文化的薪火能夠永遠傳承下去。因此後代子孫要飲水思源、感恩感謝、知福惜福，來發揚光大吃苦耐勞的客家精神，讓客家人的生命力，能夠在有情天地中永續發展，綿延至千年萬代。

（二）耕讀情

1　晴耕雨讀

客家先民，從唐山以赤手空拳飄洋過海到臺灣，進入窮鄉僻壤墾殖荒地，為穩定家族命脈而吃苦耐勞。由於遷移過程中經過千辛萬苦，內憂外患，輾轉漂泊歷經艱困，所到之處地瘠民貧，飽受謀生的艱困，因而養成了「勤儉奮鬥、刻苦耐勞」之精神，並且以「耕讀傳家久，詩書繼世長」的理念，來教導子孫們要認真讀書。客家諺語上

也說：「養子毋讀書，像人畜條豬。」他們體認到因為家庭環境的困窘，使得自己無法就學的痛苦。並且認為一輩子的血汗，全部都要灌注在靠天吃飯的農地上，如果遇到天時不佳的蟲荒水旱，收成不好往往會影響全家的生計。因此一生辛勞的代價，都寄託在子孫的身上，即使再辛苦，也要咬緊牙關，鼓勵孩子要趁年輕，努力讀書，否則就像養一條豬一樣，只知飽食終日而無所事事，將來對國家社會毫無幫助。並且常常以諺語：「人爭一口氣，樹爭一層皮。」勉勵子女忍氣不如爭氣，就像樹掙脫一層皮一樣，才能夠昂首向上生長，所以人也要爭一口氣，力爭上游，認真讀書，以改善自己未來的命運，進而開創光明的未來。客家人是個遷徙的族群，由於長期生活在困苦的環境中，深知要改變現狀，最好的辦法就是讀書，求取功名以出人頭地。

2 孝友傳家

　　客家人的忠義與晴耕雨讀的風範，可以用下述諺語來充分表達。「一等人忠臣孝子，二件事耕讀傳家。」這是客家人自我期許，自我要求的生活境界，也是客家人用以勉勵子弟的座右銘，這兩句話淺近明白，無非是希望每個客家子弟都能做國家的忠臣、家庭的孝子。忠義家風所要表現的就是在家要做一個忠臣孝子，要努力於讀書、耕田兩件事上。這是因為客家人長期的顛沛流離，使他們更加深刻的體會到故園的可愛、鄉土的芬芳，從而益發眷戀中原故土。把孔孟之道尊為聖賢之道，視三綱五常為處世為人的是非標準。在客家人的意識中最重「忠、孝、節、義」，把不忠、不孝、不仁和失節視為大逆不道；同時，也極重「仁、信、禮、智」把不仁、不信、非禮、非智視為最大不端和缺德。這些都集中反映出客家文化意識中對為人處世的道德觀念和價值觀念。[10]客家人具有比較重視教育的族群特質，傳統

10　南山：〈論客家文化意識〉，《客家民俗》第3、4期（1986年）。

的理想生活境界是「晴耕雨讀」、「孝友傳家」，客家人的傳統觀念，認為讀書才能識理、明志，才能有出息。

3　弘揚祖德

　　波羅汶是臺灣新竹縣湖口鄉的一個傳統地域名稱，其範圍大致包括波羅村、湖南村西北部，波羅汶山位於本地區西部。臺灣清治末期至日治初期，波羅汶地區為一街庄，稱為「波羅汶庄」，隸屬於竹北二堡。展閱「張氏家族」客家原鄉及先祖移民歷史的記載，來臺祖善文公於乾隆四十年（1775）渡海來臺，幾度輾轉始於嘉慶二十二年（1817）奠基於現今老公廳之原址。[11]由此可知，張家先祖漂洋過海，胼手胝足到臺灣開墾創業的艱辛。新竹縣湖口鄉住有兩張，由於血統不同，避免混淆，分稱字號，北勢張號稱「六和」，波羅汶張號稱「昆和」。[12]「昆和」即以團結合作為家訓，期勉後代子孫，兄弟間要發揮手足之愛，和睦相處，團結合作，共存共榮。[13]張氏的堂號，流傳至今有二說：一是「清河堂」[14]，一是「金鑑堂」。根據唐代典籍記載，唐玄宗開元年間，群臣為玄宗祝壽，多獻奇異珍寶，只有宰相張九齡獻上一部名為《金鑑千秋錄》的書籍。他在書中詳細論述了古今興亡的教訓，居安思危，永保社稷。事後，玄宗對他這份貴重的禮品十分珍視，還專門下詔進行表彰。因此，張九齡的族人也引以為

11　張添熹、張秋滿：〈從波羅汶「張屋」到張昆和「公號」與「義民廟」的淵源〉，《紀念來臺祖善文公渡海二百四十週年特刊》（新竹縣：張昆和祭祀公業，2015年），頁64。

12　《認識客家原鄉及先祖移民史與近代史》（新竹縣：張昆和祭祀公業，2015年），頁22。

13　同上註，頁25。

14　「清河東武城張氏。本出漢留侯良裔孫司徒歆。歆弟協字季期衛尉，生魏太山太守岱，自河內徙清河。」見〔宋〕歐陽修、宋祁：《新唐書‧宰相世系表》，卷72下，表第12下，頁2711。

榮，開始「青錢世第，金鑑家聲」，以金鑑為堂號。湖口張昆和派下
宗祠堂號為「金鑑堂」，堂聯為「公藝家風垂百忍，九齡金鑑耀千
秋」，是融入漢代留侯張良「百忍為家」與唐代張九齡「睦族之道」，
二位張家先祖賢達的德澤而成，以作為後代子孫的典範，其用意深
遠，值得後人省思。

新竹縣湖口鄉張昆和公廳

湖口張昆和宗祠堂號「金鑑堂」

四　風華再現

　　波羅汶張家先祖，從一世的揮公，一脈相承到十四世善文公，飄洋過海，從原鄉來臺灣開創基業，他們奮鬥努力的悲歡歲月，又像涓滴不停的細流，流入鄉親的心扉。歲月悠悠，而今已傳承至二十一世。根據張氏族譜記載，十四世善文公離開嘉應州長樂縣，移居臺灣開墾拓荒已經有二百四十餘年的歷史。[15]客家人不論走到哪裡，客家人沒有一家忘了他們的根源，以及宗族觀念的團結與血脈的傳承。張昆和家族後代子孫緬懷先祖創業的艱辛，都能承先啟後，弘揚祖德。例如，先家翁（筆者的公公）十九世的張錦熮先生（十六世承貴公→十七世煌元→十八世照蘭之長子）[16]，負笈日本仙臺高等工業學校（今為日本東北大學），學成後返臺，擔任臺灣水泥公司竹東廠的廠長，研發製作水泥，在化工學界上，有卓越的成就；二十世的張上淳先生（十六世六貴公→十七世海元→十八世丁蘭→十九世錦肇之三子）[17]擔任臺大醫學院的院長，在醫學界有傑出之表現：二十世、二十一世取得碩、博士學位的子孫，人才輩出，不勝枚舉，在學術界、教育界都有非凡的表現。緬懷張家先祖，從一世的揮公，一脈相承到十四世善文公，飄洋過海，從原鄉來臺灣開創基業，他們奮鬥努力的悲歡歲月，又像涓滴不停的細流，流入鄉親的心扉。歲月悠悠，至今已傳承至二十一世，後代子孫應該要飲水思源，並常懷感恩的心，來發揚祖德，讓張昆和之德業風華再現。

15　《紀念來臺祖善文公渡海二百四十週年特刊》（新竹縣：張昆和祭祀公業，2015年），頁64。

16　〈來臺祖第十四世祖善文公派下第十五世祖第五大房德潤公派下系統表〉，《紀念來臺祖善文公渡海二百四十週年特刊》，頁47。

17　〈來臺祖第十四世祖善文公派下第十五世祖第五大房德潤公派下系統表〉，《紀念來臺祖善文公渡海二百四十週年特刊》，頁56。

五　結語

　　英國詩人威廉‧布萊克（William Blake, 1757-1827）〈天真的預言〉（Auguries of innocence）長詩中的開頭四行：「一沙一世界，一花一天堂。君掌盛無邊，剎那成永劫。」在一顆沙粒中看世界，說明從宇宙洪荒，天地玄黃至科技文明發達的現代，一切生滅象徵永恆，無盡的歷史，永遠傳承著瑰麗的文化。回顧從前種種，物換星移幾度秋。客家文化是以「耕讀傳家」為核心主軸而發展，這項文化特質，與客家人長期遷徙有著密切的關係，於是在性格上，客家人勤勞節儉、刻苦耐勞；在人倫關係上，客家人敬祖睦宗、長幼有序；在社會意識上，客家人團結、要求與人和睦相處、能忍讓；在品德操守上，要求人品氣節更勝於富貴，並且敬愛自然萬物。這是值得每一位客家子弟，念茲在茲的偉大精神。

　　走過臺灣客家文學的蹊徑，我們尋根探源，不僅見到臺灣客家傳統文化「宗廟之美，百官之富」的堂奧，更了解到傳統文化與先民的生活經驗相輔相成，具有發皇歷史、綿延民族命脈的功能。回顧從前種種，物換星移幾度秋。在有如萍聚的人生中，尋訪客家風情的歷史扉頁，先民們辛勤的耕耘，豐足我們的衣食，為我們編織絢爛的未來；先民們在這塊土地上披荊斬棘所流的血汗，灌溉了臺灣的沃野，潤澤了臺灣純樸的鄉土文化。他們猶如「燃燒自己，照亮別人」的燭光，照亮臺灣的光明遠景，使我們可以在自由的天地馳騁；在文化的鄉土上，游息流連，安身立命。因此大家應心懷感恩的心，感謝祖先的庇佑，讓我們能享受如此多的福澤。人人要知福、惜福，來發揚光大吃苦耐勞的客家精神，使客家人的生命力，能夠在有情天地中永續發展，綿延至千年萬代。

徵引文獻

古籍部分

〔宋〕歐陽修、宋祁：《新唐書》，臺北市：鼎文書局，1987年。

專著書籍
（依作者姓氏筆劃排序）

曾喜城：《臺灣客家文化研究》，臺北市：中央圖書館臺灣分館，1999
　　　年。

黃恆秋：《客家臺灣文學論》，新北市：客家臺灣文史工作室，1998年

葉石濤：《沒有土地哪有文學》，新北市：遠景出版社，1985年。

羅香林：《客家研究導論》，臺北市：南天書局，1992年。

羅肇錦：《臺灣的客家話》，臺北市：臺原出版社，1990年。

單篇論文

南　山：〈論客家文化意識〉，《客家民俗》第3、4期，1986年。

張上仁：《張氏家族》，新竹縣：張昆和祭祀公業，2002年。

張秋滿、張錦謹主編：《張氏族譜》，新竹縣：張昆和宗親會，1997
　　　年。

張肇基主編：《紀念來臺祖善文公渡海二百四十週年特刊》，新竹縣：
　　　張昆和祭祀公業，2015年。

張肇基主編：《認識客家原鄉及先祖移民史與近代史》，新竹縣：張昆
　　　和祭祀公業，2011年。

張肇基：《波羅汶今鑑堂重建三十週年暨原鄉祭祖特刊》，新竹縣：張
　　　昆和祭祀公業，2017年。

彭瑞金：〈從族群特性看客家文學的發展〉，收錄於徐正光編：《徘徊於族群和現實之間》，臺北市：正中書局，1991年，頁130-149。

鍾肇政：〈客家文學是什麼〉，收錄於黃恆秋：《臺灣客家文學史概論》，新北市：客家臺灣文史工作室，1998年6月。

羅肇錦：〈民間文學的選項與客家〉，《客家文化月第一屆臺灣客家文學研討會論文集》，苗栗縣：苗栗縣文化局，2001年12月。

羅肇錦：〈何謂客家文學〉，《客家歷史文化縱橫談》，南寧市：廣西教育出版社，1993年。

劉煥雲、黃尚煒、張民光：〈臺灣客家文學與客家學之發展研究〉，《文學新鑰》，第5期，2007年6月。

學位論文

邱春美：《六堆客家古典文學研究》，新北市，輔仁大學中國文學研究所博士論文，2005年1月。

張添臣：《客家宗族與地方社會——新竹湖口波羅汶張裕光為例（1825-1904）》，新竹市：清華大學環境與文化資源學系所碩士論文，2017年。

網路資料

行政院客委會桐花主題館網站（http://tung.hakka.gov.tw/Tung/）

臺灣文學網址（https://tln.nmtl.gov.tw/ch/index.aspx?k=pda）

桐詩桐顏首部曲（https://blog.xuite.net/fbuon2881170/twblog1/118987439）

貳
禮儀編

第三章
臺灣客家歲時節令儀典之研究

一　前言

　　中華民族源遠流長，數千年來，不論朝代的更迭、自然環境的發展、社會結構的變遷，每個姓氏族群都以宗祠來祭拜天地神明與祖先，以宗祠的堂號聯語敘述著宗族的源起與衍播。《禮記‧曲禮下》記載：「君子將營宮室，宗廟為先。」[1]可見宗祠的建造，是崇敬祖先、宗族奠基立足的表徵。客家人稱「宗祠」為「公廳」。在宗祠拜阿公婆（祭祀先祖）、舉辦宗族事務、修編宗譜、議決重大事務的重要場所，更是凝聚宗族團結的原動力。客家人的喪葬和喜慶等禮俗，追根溯源，大體在《儀禮》、《禮記》中都可找到根源。古代的禮俗可分為吉禮、凶禮、軍禮、賓禮、嘉禮五類，《隋書‧禮儀志一》記載：「以吉禮敬鬼神，以凶禮哀邦國，以賓禮親賓客，以軍禮誅不虔，以嘉禮合姻好，謂之五禮。」[2]後代修訂的禮儀規範，大都以吉、凶、軍、賓、嘉五禮為綱，婚喪節慶習俗的禮儀，主要來自吉禮、凶禮賓禮和嘉禮。譬如歲時習俗中對上帝、社稷、日月星辰、山林川澤、四方百物等各種神靈的祀典，都在古吉禮之中。立春、立夏、立秋立冬四時的祀典，在三禮中都有明確的記載。[3]

1　〔漢〕鄭玄注、〔唐〕孔穎達疏：《禮記正義》〈曲禮〉（臺北市：藝文印書館，1998年），卷4，頁75。

2　〔唐〕魏徵、令狐德棻：《隋書》（臺北市：鼎文書局，1987年），卷6，頁105。

3　劉善群：《客家禮俗》（福州市，福建教育出版社，1995年），頁6。

　　客家人是中華民族中優秀的一支，近一千年來五次大遷徙，從中原向外播徙，到如今已繁衍發展到一億二千多萬人口，分布在海內外各國和地區。客家人不論走到哪裡，都承續中華民族的優秀文化和傳統美德，為中華民族的發展，為居住地的振興做出了重大貢獻。客家鄉親原本居住在大陸中原一帶，至明末清初兩千多年間，由於內陸人口的膨脹，以及戰亂的因素，輾轉遷徙到廣東中部以及沿海地區，有些更飄洋過海至臺灣北部的桃竹苗地區，以及南部的高雄、屏東一帶墾殖荒地。目前全臺灣約有四百多萬人，起初先民都是依山而居，赤手空拳來開創自己的家園，以種植稻田、茶樹維生，所以養成吃苦耐勞、委屈求全的精神。他們流血流汗的辛勤耕耘，為後代子孫開闢了安身立命的鄉土家園；一枝草、一點露的耕讀精神，讓客家文化的薪火能夠永遠傳承下去。本論文主要探究臺灣客家歲時節令儀典為研究對象，從客家歷史、文化、精神等角度來分析與詮釋，並以先秦經典《禮記》所述，探究臺灣客家歲時節令儀典的脈絡源流、典故由來、歷史沿革等。最後，從客家歲時節令儀典探觸客家人傳統文化的內涵。

二　臺灣客家歲時節令儀典之典故由來

　　展閱經典古籍，可知歲時節令是中華傳統文化中獨特且生活化的精華篇章，歷經時代的遞嬗，歲時節令的傳承卻是亙古不變。先聖先賢洞悉自然界的規則，上察天時，下探民事，為人類在天地之間，找到安身立命的地方。例如客家成語重中的「四時八節」。我們可以從《禮記・月令》的記載，尋覓到歲時節慶典故由來與歷史沿革。茲臚列與客家歲時節慶相關的記載，臚列如下：

（一）客家人過年祭祖習俗

客家人稱春節為過年，大年三十日，也就是除夕當天是客家人過年氣氛最為熱烈、宗親歡聚團拜的一日。這天上午，家家戶戶要拜菩薩、敬神，並且要選擇好的時辰，全族人一起在祠堂或公廳敬祖公，大家都攜帶水果禮盒、三牲、炮竹、元寶香燭等祭品前往宗祠祭拜阿公婆。行禮之後，放炮竹。每到大年三十午後，宗祠香火繚繞不斷，炮竹聲不絕於耳，一直延續到黃昏。「年到初二，食乘把膩膩；年到初三四，人客來來去；年到初五六，有酒又無肉；年到初七八，家家捧粥缽；年到初十邊，依舊同仙般；年到十五六，食了剩餘肉，耕的耕，讀的讀。」這首客家俗諺，生動描寫早年客家庄過年的情景，雖然時空環境變遷，但客家人過年的傳統習俗仍代代相傳。茲舉新竹縣張昆和宗祠除夕祭祖為例：

歲時俗節請神文（節錄）

伏以

日吉時良，天地開張，吉時焚香，萬事吉昌。香煙彩起，神通萬里。香煙沉沉，神賓降臨。香煙郁郁，請神作福。躬身拜請堂上祀奉南海觀音娘娘，門神戶尉，龍神案前，再來拜請

清河堂上張氏歷代始太高曾祖考妣　一脈宗親神位前

……

今逢　佳期，涓取民國　年　月　日（農曆　月　日）之良辰，謹具牲醴，齋蔬果品，黃禾粿粄，香楮燭帛，財帛凡儀百列座前，恭陳酬　奉

伏望

觀音娘娘暨列尊神降駕來臨列祖列宗到座，來格來嘗，俾熾俾昌，鑑納　微誠，領茲祝筵，長流厚澤，

……

一來寬心座，二來保佑，合房平安大賺錢，榮華富貴萬萬年。
一拜　　再拜　　三拜　　禮成[4]

　　新竹縣湖口鄉的張昆和宗祠每年年三十當天早上所有宗親都會準
備三牲、果品去公廳祭拜祖先，採行的「三獻禮」的祭拜儀式，簡而
言之，是推選數位主祭者向神明行三跪九叩禮，並以三獻牲禮（酒、
肉等供品），再讀祭文、燒金紙等表達尊祖敬宗的祭祀儀禮。而這祭
祀活動，最主要的目的是，向土地伯公為首的諸神明祈求並感謝其保
佑居民風調雨順，牲畜平安、農作豐收，並祈求祖先庇佑子孫闔家平
安、吉祥如意。孔子說：「祭如在，祭神如神在。」（《論語·八佾》）
《禮記·大傳》也說：「親親故尊祖，尊祖故敬宗，敬宗故收族，收
族故宗廟嚴，宗廟嚴故重社稷，重社稷故愛百姓。」[5]說明祭祀禮儀
之功能，在發揮人們仁民愛物的天性，由親愛親人，推而上之，及於
尊重先祖，由尊重先祖擴而充之，至於尊敬宗族，繼而團結族人，推
衍至社會國家，使得人人能安居樂業。

　　客家人在除夕前一天，都會用大木甑蒸「年飯」，亦稱「隔年
飯」，供奉祖先神祇時，還要燒紙錢，供奉桔子、柚子等，敬天公是
禮敬天界最崇高的神明，敬拜時的規矩也特別注重，除了敬拜之前須
先沐浴梳洗淨口淨身之外，敬拜的供品也很有學問，這五濕分別為赤
（火）、青（木）、黑（水）、白（金）、黃（土）。五個顏色，有易理
五行涵蘊其中。[6]敬過神的三牲可再敬祖公，直到最後從八仙桌上撤

4　《波羅汶金鑑堂重建三十週年暨原鄉祭祖特刊》（新竹縣：張昆和宗親會，2006
　　年），頁40。
5　〔漢〕鄭玄注、〔唐〕孔穎達疏：《禮記正義·大傳》，卷34，頁622。
6　客家有味：客庄小年夜敬天公，2010年2月18日。

回家，全家團圓吃年夜飯之用。除夕之夜，客家人有守歲的習俗，家家通宵達旦燈火明亮，稱之為「點歲火」，火籠加炭稱之為「溫火桶」。大家團聚一起，辭舊歲迎新春，共享天倫之樂。除夕之夜，大人還有給小孩壓歲錢的習俗。客家人自古以來就有「勤儉持家」的風氣、和戒殺生的慈悲觀念，所以在年初一，一年頭一日第一餐不吃酒肉，也就是吃「素齋」。吃了早齋以後，一般的習慣老人家是要到寺廟燒香，因之寺廟香火鼎盛，大家祈求神明保佑新的一年平安納福。

1　過年祭祖歷史沿革

中國農曆年的歲首正月初一，古稱元日、元旦、歲旦、歲首。所謂「元」，就是開始的意思，「旦」是早晨，合在一起即指一年的第一天，一年之開端。《爾雅・釋天》記載：「唐虞曰載，夏曰歲，商曰祀，周曰年。」[7]可見年的名稱由來，從周朝開始。根據《尚書・舜典》的記載：「月正元日，舜格于文祖，詢于四岳，闢四門，明四目，達四聰。」[8]說明正月的一個吉日，舜在堯的太廟接受了禪讓的冊命。他觀察了北斗七星，列出了七項政事。於是向天帝報告繼承帝位的事，又祭祀了天地四時，祭祀山川和群神，相傳這就是元旦的由來。茲引《禮記》所述為例：

> 《禮記・月令》：「孟冬之月……天子乃祈來年于天宗，大割祠于公社及門閭，臘先祖五祀。」鄭玄注：「五祀，門、戶、中霤、灶、行也。」[9]

7　〔宋〕邢昺疏〔晉〕郭璞注：《爾雅》（臺北市：藝文印書館，1998年），卷6，頁96。

8　〔漢〕孔安國傳、〔唐〕孔穎達正義：《尚書・舜典》（臺北市：藝文印書館，1998年），卷3，頁35。

9　〔漢〕鄭玄注、〔唐〕孔穎達疏：《禮記正義・月令》，卷17，頁343。

《禮記‧月令》:「是月也,以立春。先立春三日,大史謁之天
子曰:某日立春,盛德在木。天子乃齊。立春之日,天子親帥
三公、九卿、諸侯、大夫以迎春於東郊。還反,賞公卿、諸
侯、大夫於朝。命相布德和令,行慶施惠,下及兆民。慶賜遂
行,毋有不當。乃命大史守典奉法,司天日月星辰之行,宿離
不貸,毋失經紀,以初為常。」[10]

〈月令〉為《禮記》第六篇,此篇兼記「月」與「令」,月是天
文,令是政事。《禮記注疏》記載鄭玄說:「名曰月令者,以其記十二
月政之所行也。」[11]〈月令〉篇中,將五祀分置四季之中,分別與五行
相對應:春氣木,祀戶;夏氣火,祀竈;中央(季夏)土,祀中霤;
秋氣金,祀門;冬氣水,祀行。從此說則五祀所祭為門、戶、中霤、
行、竈五神。從上述引文可知,古代君王在一年的最後一天,就是除
夕當天,祭天祭祖及祭門神、戶神、井神、灶神、土地神和宅神等神
明。「臘」在遠古指「冬季的祭神敬祖」。《禮記‧月令》記載君王於
孟春正月親自率領三公、九卿、諸侯、大夫到東郊去舉行迎春的祭祀,
祭畢回朝,並命令三公發布恩德命令,褒獎好人好事,賙濟貧窮,恩
惠普及所有百姓。由此可見古代君王是按照季節來訂定歲時節令。

(二)客家成語「四時八節」

客家人所謂的農耕八節即四時八節,四時八節泛指一年四季各節
氣。四時,指春、夏、秋、冬四季。八節,指二十四節氣中的八節,
指立春、立夏、立秋、立冬、春分、秋分、夏至、冬至八個節氣。俗
話說:「四時無災、八節有慶」。茲舉客家諺語的描寫為例:

10 〔漢〕鄭玄注、〔唐〕孔穎達疏:《禮記正義‧月令》,卷14,頁286。
11 〔漢〕鄭玄注、〔唐〕孔穎達疏:《禮記正義‧月令》,卷14,頁286。

立春天氣晴　百物好收成／夏至西北風　菜園一掃空

秋霖夜雨當過肥／三伏酷熱　秋收必蝕

朦朧中秋月／雨打下元宵

一日狂南三日雨　三日狂南無點雨

正月種芋　四月填芋　七月莫動　八月上碗公

二月二　百樣種子好落地

三月北風燥葱葱　四月北風水打叉

五月北風平平過　六月北風毋係貨

五月南風下大雨　六月南風飄飄晴

六月吹北風　水浸龍王宮

七月露　水浸路

八月半　禾打扮

十月十五雨　寒風雨雪年下止

十二月雷公叫　谷種缸里漚

　　上述客家諺語中說明季節和農事、月份和氣候之間息息相關，農民們會利用「四時八節」蒔田、挲草，煞猛打拚，期盼有禾仔好收割。我國自古以農立國，前人由農事中摸索出自然規律；所訂定的十二月令，更是我國固有民俗的重要資產。春天時人們對這一年充滿期望，於是在二月初二日祭土地公，是為春祈；入夏後人們必須克服夏季所衍生的風土病，於是過端午、驅五毒；秋季作物收成，人們利用中秋的溫厚與圓滿意象，秋報天地諸神的賜予；冬時天寒地凍，萬物皆休眠，但人們經商、工作及祭祀都要有始有終，直到尾牙之期，才正式宣告這一年平常日子結束了，接下來則要進入年的喜慶中。[12]每年的農曆春節都在立春前後，大家都歡天喜地，迎接新春的蒞臨人間。

12 劉還月：什麼是「歲時節俗」？（https://content.teldap.tw/index/blog/?p=3560）

1 八節歷史沿革

　　據文獻記載，中國早在四千多年前的夏代，就開始制定以歲紀年的「夏曆」（又稱為「農曆」、「舊曆」和「陰曆」），商代和周代也各有紀年的方法，其後經過不斷的完善而沿用陰陽合曆。《禮記·月令》和《呂氏春秋》「十二月紀」中，就有立春、立夏、立秋、立冬、春分、秋分、夏至、冬至等八個節氣的記載，標記四季開始的日子。茲舉《禮記·月令》的記載為例：

（1）立春

　　《月令七十二候集解》：「立春，正月節。立，建始也。五行之氣往者過來者續于此。而春木之氣始至，故謂之立也。」一年之計在於春，「立」有「開始」的意思，自秦代以來，中國就一直以立春作為孟春時節的開始，春暖花開，萬物欣欣向榮，是農夫耕耘播種的好時節。茲舉《禮記·月令》的記載為例：

> 《禮記·月令》：「立春之日，是月也，以立春。……是月也·天子乃以元日·祈穀於上帝·……是月也，天氣下降，地氣上騰，天地和同，草木萌動。王命布農事，命田舍東郊，皆修封疆，審端經術。善相丘陵阪險原隰土地所宜，五穀所殖，以教道民，必躬親之。田事既飭·先定準直·農乃不惑。」

正月裡，天子於第一個辛日祭祀上帝，祈求五穀豐登。在這個月裡，天氣下降，地氣上升，天地之氣互相混和，於是草木開始萌芽生長。天子下令春耕之事，派遣農官住在東郊，監督農夫整治疆界，審察和修整田間的小路和水溝。認真地考察丘陵、坡地、教導農民各種土地所適宜種植的作物，各種穀物適宜種植的土地及其方法。等到田地農

事都已整飭妥當，使農民依照種植禾苗的方法去耕種，與客家諺語：
「立春天氣晴，百物好收成。」有異曲同工之妙。

（2）立夏

《月令七十二候集解》：「立夏，四月節。立字解見春。夏，假
也。物至此時皆假大也。」立夏，標誌著夏天的到來。立夏，為夏季
之首日，古云：「立夏之日螻蟈不鳴，水潦漫。」是說立夏當天青蛙
如果不叫，夏季將多雨。

> 《禮記・月令》：「孟夏之月……螻蟈鳴，蚯蚓出，王瓜生，苦
> 菜秀。……是月也，以立夏。先立夏三日，大史謁之天子曰：
> 某日立夏，盛德在火。天子乃齊。立夏之日，天子親帥三公、
> 九卿、大夫以迎夏於南郊。……是月也，繼長增高，毋有壞
> 墮，毋起土功，毋發大眾，毋伐大樹。……是月也，驅獸毋害
> 五穀，毋大田獵。農乃登麥，天子乃以彘嘗麥，先薦寢廟。是
> 月也，聚畜百藥。靡草死，麥秋至。」

孟夏四月，氣溫日益升高，大自然出現三種現象就是青蛙開始鳴
叫，蚯蚓從土裡鑽出，王瓜開始生長，苦菜開花。這個月有立夏的節
氣，草木更加茁壯高大，不要使它們有所毀壞。不要大興土木，不要
徵召百姓，不要砍伐大樹。這個月，要驅趕野獸，使其不危害農作
物，也不要舉行大規模田獵。人們習慣上都把立夏當作是炎暑將臨，
雷雨增多，農作物進入旺季生長的一個重要節氣。此時稻子已經進入
抽穗期，各種病蟲害也陸續開始發生，所以農夫們會積極加強防範病
蟲害。除了農作物之外，立夏也是萬物長大的季節，鷺鷥、澤蛙、飛
蛾、小蟲等生物，穿梭在翠綠的田野間，成為生動活潑的生態景觀。

（3）立秋

《月令七十二候集解》：「立秋，七月節。立字解見春。秋，揫也。物于此而揫斂也。」《禮記・月令》記載：「涼風至，白露降，寒蟬鳴。」說明秋天到，暑熱漸退，白露降，天氣轉涼，寒蟬也開始鳴叫，也是豐收的季節。茲舉《禮記・月令》的記載為例：

> 《禮記・月令》：「是月也，以立秋。……是月也，農乃登穀。天子嘗新，先薦寢廟。命百官，始收斂。完堤防，謹壅塞，以備水潦。修宮室，壞墻垣，補城郭。……是月也，申嚴號令。命百官貴賤無不務內，以會天地之藏，無有宣出。乃命冢宰，農事備收，舉五穀之要，藏帝藉之收於神倉，祗敬必飭。」

這個月有立秋的節氣。這個月，農民開始收割稻穀。天子品嚐新穀，首先進獻宗廟。君王命令百官開始施行收斂之政，修補堤防，檢查水道有無堵塞的地方，以防備水災的泛濫。要修繕宮室，加固牆壁，修補城郭。這個月，再次嚴明號令，命令百官不分貴賤都要從事收斂工作，以配合天地進入收藏的季節，不得有宣洩散出的行為。於是命令冢宰，在農作物全都收穫之後，把各種穀物的產量登記造冊，把藉田的收穫藏於神倉之中，要特別謹慎，收藏完密。整個自然界的變化是循序漸進的過程，立秋的氣候是由熱轉涼的交接節氣，也是萬物成熟豐收的季節。

（4）立冬

《月令七十二候集解》：「立冬，十月節。立字解見前。冬，終也，萬物收藏也。」《禮記・月令》記載：「水始冰，地始凍。」說明

水開始結冰，地開始結凍，這就是冬天降臨大地的表徵。茲舉《禮記・月令》的記載為例：

> 《禮記・月令》：「立冬之日……是月也，大飲烝。天子乃祈來年於天宗，大割祠于公社及門閭。臘先祖五祀，勞農以休息之。……是月也，命漁師始漁，天子親往，乃嘗魚，先薦寢廟。冰方盛，水澤腹堅。命取冰，冰以入。令告民，出五種。命農計耦耕事，修耒耜，具田器。」

這個月，有立冬的節氣。天子、諸侯邀集群臣舉行大飲烝之禮。天子祭祀日月星辰以祈求來年的豐收，大量殺牲以祭祀社神及城門裡門之神。用獵獲的禽獸祭祀先祖和五祀，慰勞農夫並且讓他們休息。這個月，命令漁師開始捕魚，天子親往觀看。於是天子品嘗新捕之魚，在品嘗之前，先敬獻宗廟。此月冰正厚，無論是流動的水還是不流動的水，都又厚又結實地結成了冰。於是命令鑿取、冰塊，存入冰窖。命令農官告示百姓，從倉庫中取出五穀的種子，細加選擇；又命令農官計畫耦耕之事，準備好一切農具。也是通過冬季的休養，期待來年的興旺吉祥。

（5）春分

春分是一年中「四分」節氣之一，這一天也是春季的中點。「四分」表示春、夏、秋、冬季節，變化演替的「中點」，也是四季明顯的轉折點。《月令七十二候集解》：「春分，二月中。分者，半也。此當九十日之半，故謂之分。秋同義。」民間俗諺：「春分秋分，晝夜平分。」表示春分、秋分二天，是晝夜平分的日子。茲舉《禮記・月令》的記載為例：

> 《禮記・月令》:「是月也,玄鳥至。至之日,以大牢祠于高
> 禖。……是月也,日夜分。雷乃發聲,始電,蟄蟲咸動,啟戶
> 始出。先雷三日,奮木鐸以令兆民曰:雷將發聲,有不戒其容
> 止者,生子不備,必有凶災。日夜分,則同度量,鈞衡石,角
> 斗甬,正權概。」

這個月正是鳥語花香的好時節,在燕子來到人間的那一天,用牛、
羊、豬三牲祭拜尊貴的禖神。天子要親自參加,由后妃率領後宮所有
女眷陪同前往。在禖神前面,為懷孕的嬪妃舉行典禮,給她帶上弓
套,授給她弓箭,祈求禖神保佑她們生下男孩。這個月,日夜平分,
開始打雷,發出閃電。蟄伏的動物都動了起來,開始從洞穴裡爬出
來。打雷的前三天,搖動木鐸警告百姓說:在打雷之前,生活要檢
點,不然,會生下先天殘疾的孩子,自己也會遭到災禍。在日夜平分
的日子,可以統一和校正各種度量衡的器具。春天是耕耘的季節,春
雨潤物是上天的禮物,伴隨著打雷、閃電,是典型的氣候現象。客家
諺語說:「二月二,百樣種子好落地。」說明農夫重視「春分」這一
天的天氣,播種五穀,展望一年豐收的到來。

(6) 夏至

　　《月令七十二候集解》:「五月中。《韻會》曰:夏,假也,至,
極也,萬物於此皆假大而至極也。」《禮記・月令》記載:「鹿角解,
蟬始鳴。半夏生。」說明夏至表示炎熱的夏天來臨。茲舉《禮記・月
令》的記載為例:

> 《禮記・月令》:「是月也,日長至,陰陽爭,死生分。君子齊
> 戒,處必掩身,毋躁。……薄滋味,毋致和。節嗜欲,定心

氣，百官靜事毋刑，以定晏陰之所成。鹿角解，蟬始鳴。半夏
生，木堇榮。」

這個月，到了夏至，是一年裡白天最長的一天，陽氣雖然旺盛，陰氣
也開始產生，形成陰陽互爭鬥的局面，萬物死生的分界也由此開始。
所以君子要齋戒身心，即使在家也不可赤身露體，不可急躁；要吃清
淡的食品，不要講究山珍海味；要節制嗜欲而平心靜氣；百官也要處
於深思謀慮狀態，做事不可貪快，以穩定陰陽的分野。這個月，開始
割鹿角，夏蟬開始鳴叫，半夏長出幼苗，木槿花盛開。客家諺語說：
「五月南風下大雨，六月南風飄飄晴。」夏至是陽氣最旺盛的時節，
因此要注意環境衛生與身體的保養。

（7）秋分

　　《月令七十二候集解》：「八月中，分者，半也。此當九十日之
半，故謂之分。秋同義。夏、冬不言分者，蓋天地閒二氣而已。」到
了秋分，就是到了「一場秋雨一場寒」的時候，也是晝夜平分的日
子。茲舉《禮記・月令》的記載為例：

　　　　《禮記・月令》：「是月也，日夜分，雷始收聲。蟄蟲壞戶，殺
　　　　氣浸盛，陽氣日衰，水始涸。日夜分，則同度量，平權衡，正
　　　　鈞石，角斗甬。」

這個月，白天和黑夜時刻一樣長，停止打雷的現象，昆蟲開始在洞口
培土準備蟄伏過冬，陰氣逐漸旺盛，陽氣日趨衰退，河水日漸乾涸。
這些現象就是古人所說的秋分三候現象。當這個晝夜相等的時節，正
好可以校正各種度量衡的尺寸長短，統一重量和容量等器具，齊一市

場上交易買賣能夠依據公平的準據來進行，可以防止紛訟的發生。過了秋分，陽氣日衰，肅殺之氣日甚，形成三種明顯的氣候變化，在生活上要留心應變，人們效法公平、公正的天理，自我提醒去實踐誠實交易、貿易的精神。

（8）冬至

《月令七十二候集解》：「冬至，十一月中，終藏之氣，至此而極也。」冬至分三候：「初候蚯蚓結；二候麋角解；三候水泉動。」冬至是一年中白天最短的一天，冬至，象徵寒冷的冬天已經來臨。茲舉《禮記・月令》的記載為例：

> 《禮記・月令》：「是月也，日短至。陰陽爭，諸生蕩。君子齊戒，處必掩身。身欲寧，去聲色，禁耆欲。安形性，事欲靜，以待陰陽之所定。蕓始生，荔挺出，蚯蚓結，麋角解，水泉動。日短至，則伐木，取竹箭。」

這個月，白天最短，正是陰陽二氣互為消長的時節，各種生物也生氣勃發，開始發出嫩芽。君子要齊戒，居住在深密的地方，身心要安寧，摒除聲色娛樂，禁止一切嗜好欲望，穩定身心，遇事不急，聽候大自然陰陽的消長。這時節，芸草始生，荔挺抽芽，蚯蚓蜷曲於泥土中，麋鹿的角開始脫落，水泉開始流動。是白天最短的月份，可以砍伐樹木和割取箭竹。可見冬至是大地萬物休養生息的最佳時節，期待春暖花開的到來。冬至在臺灣又稱為臺灣冬節，冬至過節源於漢代，盛於唐宋，相沿至今。當天要煮湯圓拜完神佛後，便開始祭拜祖先。祭畢後，全家團圓吃湯圓，寓意增添一歲。

三　臺灣客家歲時節令儀典所蘊涵的儒家文化

客家民族在生活方式、風俗習慣、傳統信仰禮俗上，深受中華傳統文化的內化與薰陶，注重傳統的家庭倫理觀念與禮教影響。茲述臺灣客家歲時節令儀典所蘊涵的儒家文化如下：

（一）敬畏天地

客家人祭天稱為「拜天公」，表示對天的崇拜。正月初九俗相傳為玉皇大帝的生日，民間俗稱「天公生」，為民間最隆重的祭儀，主要原因是天公為掌理天地萬物之神。民間信仰中的祭拜天公，最重要的是有敬天畏地以及感天謝地的目的，因此自古以來，人們敬天之禮最為繁複，儀式最為隆重，祭品也最為講究。追溯我國的禮制是起源於對對天地神鬼的祭拜儀式，《禮記・禮運》說：「是故夫禮，必本於天、殽於地、別於鬼神。」為了趨吉避凶，於是想出各種祭拜的方式，以表達虔誠敬畏與服從。客家人以對天地祖先聖賢的祭祀來代替宗教，而這祭祀活動，最主要的目的是，向土地伯公為首的諸神明祈求並感謝其保佑居民風調雨順，牲畜平安、農作豐收，並祈求祖先庇佑子孫闔家平安、吉祥如意。數千年來，歷經朝代的更迭、社會結構的變遷，客家傳統的信仰禮俗，無論是禮儀形式與行禮內容，多遵循傳統禮制，不僅具有教孝感恩、報本反始的意涵，也是傳承儒家文化道統的原動力。

（二）教孝感恩

客家人重視祖先與宗族意識，因為祖先是每個人的血緣生命與文化淵源。孔子說：「慎終追遠，民德歸厚矣」《論語・里仁》，祭祀天地和祖先，同樣是客家人「報本返始」「慎終追遠」的精神。客家人

以敬家神為主，廟神為次。家神也就是祖宗牌位，也就是「阿公婆牌」，這部份包括家裡的公廳、宗族的祠堂以及同姓的家廟，是全部家庭的文化活動發生的重心所在。[13]

客家人認為生命是可貴的，祭祀祖先，是一種非常肅穆的傳統，「祭如在，祭神如神在」（《論語‧八佾》），這都是客家人把傳承家族與宗族的使命，寄託在對祖先的虔誠尊敬，以及對未來子孫成龍成鳳的無限期盼上面。客家人習慣在「阿公婆牌」上寫明堂號，同時也在三合院正門中間大門門框上方，寫上堂號，用以標誌家族與宗族遷徙的淵源，以表示不忘本，同時也是客家人飲水思源的表徵。

（三）勤儉治家

客家人安身立命的憑藉是什麼？就是堅忍、勤儉、吃苦、耐勞的人生哲學。客家人堪稱為最懂得環保的族群，從先民們的生活作息與飲食習慣，就可以了解箇中真味。從節儉的向度來觀察，他們愛惜資源與物力，不糟蹋任何可以食用的東西，例如：酸菜、覆菜、蘿蔔乾、梅干菜……等，因為應景新鮮的青菜吃不完，就把它醃製起來，不但收藏較久，也可以節省物資，而不會暴殄天物。平日也將洗米的水、洗菜的水、洗衣服的水，留下來洗碗、澆菜澆花。可見先民生活簡樸，省吃儉用，不浪費任何可以利用的資源。

他們體認到因為家庭環境的困窘，使得自己無法就學的痛苦。因此一生辛勞的代價，都寄託在子孫的身上，即使再辛苦，也要咬緊牙關，鼓勵孩子要趁年輕，努力讀書，否則就像養一條豬一樣，只知飽食終日而無所事事，將來對國家社會毫無幫助。並且常常以諺語：「人爭一口氣，樹爭一層皮。」勉勵子女忍氣不如爭氣，就像樹掙脫

---

13 劉還月：《台灣的客家族群與信仰》（臺北市：常民文化，1996年6月），頁210-213。

一層皮一樣，才能夠昂首向上生長，所以人也要爭一口氣，力爭上游，認真讀書，以改善自己未來的命運，進而開創光明的未來。

四　結語

本研究結合歷史學和傳統禮儀的研究方法，透過文獻史料的搜集、考證資料，來探究臺灣客家歲時節令儀典的風貌與歷史源流。中華傳統信仰禮俗文化極重祭祀，祭祀最初源於人們對於天地的敬畏、感恩和誠敬。祭天地、祭神明、祭祖是天地陰陽二氣交互感應的表徵，感念天地的化育，感謝神明的庇佑，使得風調雨順，物阜民豐；感恩先祖篳路藍縷開創家業的德澤，彰顯了人神與人倫的關係，這些儀式也是禮俗文化的開端。

打開與探索的過程，讓後代子孫感受到「發現的歡喜」與「懷舊的感傷」。客家先民到處飄泊，四處為客，走進傳統客家村庄的四合院，腦海深處頓時有先民的跫音，在耳畔迴響著。德國哲學家弗里德里希·威廉·尼采（Friedrich Wilhelm Nietzsche, 1844-1900）說：「生活的意義，便是把人生中各種遭遇化為火光。」因此身為客家人，更要努力傳承優美的客家歲時節令儀典文化，人人要知福、惜福，來發揚光大吃苦耐勞的客家本色，使客家人的生命力，能夠在有情天地中永續發展，綿延至千年萬代。

徵引文獻

古籍部分
（依《四庫全書》分類法）

〔魏〕王弼、〔晉〕韓康伯注、〔唐〕孔穎達正義：《周易正義》，臺北市：藝文印書館，1998年。

〔漢〕孔安國傳、〔唐〕孔穎達正義：《尚書正義》，臺北市：藝文印書館，1998年。

〔漢〕鄭玄注、〔唐〕孔穎達正義：《禮記正義》，臺北市：藝文印書館，1998年。

〔漢〕趙岐注、舊題〔宋〕孫奭疏：《孟子注疏》，臺北市：藝文印書館，1998年。

〔魏〕何晏集解、〔宋〕邢昺正義：《論語注疏》，臺北市：藝文印書館，1998年。

〔唐〕魏徵、令狐德棻：《隋書》，臺北市：鼎文書局，1987年。

〔宋〕邢昺疏、〔晉〕郭璞注：《爾雅》，臺北市：藝文印書館，1998年。

〔宋〕朱熹：《四書章句集注》，臺北市：鵝湖出版社，1998年。

〔唐〕魏徵、令狐德棻：《隋書》，臺北市：鼎文書局，1987年。

現代專著
（依作者姓氏筆畫排序）

王貴民：《中國禮俗史》，臺北市：文津出版社，1993年。

王夢鷗：《禮記今註今譯》，臺北市：臺灣商務印書館，1972年。

林曉平：《先秦民俗典籍與客家民俗文化》，北京市：中國社會科學出
　　　版社，2016年。

徐正光：《臺灣客家研究概論》，臺北市：行政院客家委員會、臺灣客
　　　家研究學會合作出版，2007年。

陳運棟：《臺灣的客家禮俗》，臺北市：臺原出版社，1991年。

劉善群：《客家禮俗》，福州市，福建教育出版社，1995年。

劉還月：《臺灣的客家族群與信仰》，臺北市：常民文化出版，1999。

謝金汀：《客家禮俗之研究》，苗栗縣：中華文化復興運動推行委員會。

謝重光：《客家源流新探》，福州市：福建教育出版社，1995年。

謝淑熙：《臺灣客家禮俗文化新探索》，臺北市：萬卷樓圖書公司，
　　　2018年。

羅香林：《客家研究導論》，臺北市：南天書局，1992年。

張昆和祭祀公業編著：《波羅汶金鑑堂重建三十週年暨原鄉祭祖特
　　　刊》，新竹縣：張昆和宗親會，2006年

行政院文化建設委員會：《中國人傳承的歲時》，1990年。

網路資源

客家有味：客庄小年夜敬天公（tw.myblog.yahoo.com/zoza-blog/article?
　　　mid=23669，檢索日期：2010年2月18日）。

劉還月：什麼是「歲時節俗」？（https://content.teldap.tw/index/blog/?
　　　p=3560）。

〔元〕吳澄：《月令七十二候集解》中國哲學書電子化計畫（https://
　　　ctext.org/wiki.pl?if=gb&chapter=312762）都歡天喜地，迎接新
　　　春的蒞臨人間。

第四章
臺灣客家三獻禮的文化探源

一　前言

　　禮教，乃是人生安身立命的要道，更是推展人文教育的基石。從禮的字義上來說，有「宜乎履行」、「合乎道理」、「體乎人情」三種。[1] 禮教，可以培育人具有恭儉莊敬的美德，這是為人處世、立身於世的根本。維繫人倫關係的禮制，雖然會隨著作時代的變遷而改異，但是某些必須共同遵守的行為準則和道德規範，卻不會因為朝代的更迭而改弦易轍，仍然是人人必須遵守的。追溯我國的禮制是起源於對天地神鬼的祭拜儀式，《禮記・禮運》上說：「是故夫禮，必本於天、殽於地、別於鬼神。」為了趨吉避凶，於是想出各種祭拜的方式，以表達虔誠敬畏與服從。因此《禮記・祭統》也說：「凡治人之道，莫急於禮；禮有五經，莫重於祭。」《周禮・大宗伯》進一步解說：「以吉禮事邦國之鬼神祇，以凶禮哀邦國之憂，以賓禮親邦國，以軍禮同邦國，以嘉禮親萬民。」五禮涵蓋了政治制度、社會制度、社會習俗、宗教儀式，日常生活規範等層面。吉禮，為祭祀的禮儀，分為祭天神、祭地祇和祭人鬼三個方面。它是文化傳統的代表，內容包蘊宏富，也是傳承中華文化道統的原動力。

　　客家人舉行宗祠祭祀的時間，較為普遍的是春、秋二季的祭祀。

1　「孔子所論，吉禮為詳，凶禮次之；吉禮以祭祀為主，凶禮以喪葬為主，軍、賓、嘉禮僅略及之，可知孔子所重在喪、祭也。」見高明：《高明孔學論叢》（臺北市：黎明文化事業公司，1978年），頁179。

目前臺灣客家祭典所採行的「三獻禮」，簡而言之，是推選數位主祭者向神明行三跪九叩禮，並以三獻牲禮（酒、肉等供品），再讀祭文、燒金紙等表達尊祖敬宗的祭祀儀禮。「三獻禮」多用於敬神祭祖的時候，特別是客家人，其在拜神祭祖時多會舉行「三獻禮」這樣隆重的禮儀。[2]而這祭祀活動，最主要的目的是，向土地伯公為首的諸神明祈求並感謝其保佑居民風調雨順，牲畜平安、農作豐收，並祈求祖先庇佑子孫闔家平安、吉祥如意。孔子說：「祭如在，祭神如神在。」（《論語・八佾》）《禮記・大傳》也說：「親親故尊祖，尊祖故敬宗，敬宗故收族，收族故宗廟嚴，宗廟嚴故重社稷，重社稷故愛百姓。」說明祭祀禮儀之功能，在發揮人們仁民愛物的天性，由親愛親人，推而上之，及於尊重先祖，由尊重先祖擴而充之，至於尊敬宗族，繼而團結族人，推衍至社會國家，使得人人能安居樂業。

二　臺灣客家三獻禮的源流與意義

三獻吉禮是客家族群祭神拜祖的禮俗與儀典，包括義民祭典、祠堂落成、公廳春秋兩季祭典、祖塔祭祀以及宮廟落成祭祀等活動。讓後代子孫懂得「飲水思源、慎終追遠、緬懷祖先」，更是凝聚宗族團結的象徵。歲時節慶由族長率領族人共同祭祀祖先，在中國傳統的民族文化裡，宗祠文化是一項不可蔑視的姓氏宗族文化，宗祠成了宗族拜阿公婆（祭祀先祖）、舉辦宗族事務、修編宗譜、議決重大事務的重要場所。客家三獻禮於初喪或祭典時使用，本文舉新竹縣湖口鄉的張昆和宗祠的秋季祭祀與清明祭祖三獻禮為例，並敘述其源流與意義。

2　張廖家廟：〈客家文化、客家禮俗與儀典〉（www.chang-liao.url.tw/100years_lista_05.html）。

三　三獻禮源流

客家喪、祭三獻禮，源遠流長，傳承至今已有千百年的歷史。茲將與三獻禮有關的文獻分述如下。

（一）三獻禮的淵源

有關三獻的記載，可以溯源自《儀禮》、《禮記》二書的記載，茲條列如下：

> 《儀禮・士虞禮》：「賓長洗繶爵，三獻，燔從，如初儀。」[3]
> 《儀禮・特牲饋食禮》：「主人洗角，升酌，酳尸。主婦洗爵于房，酌，亞獻尸。賓三獻，如初（獻）。」[4]
> 《禮記・禮器篇》：「郊血，大饗腥，三獻爓，一獻孰。……一獻質，三獻文，五獻察，七獻神。」[5]

上述引文，記載了周朝時期士虞階層的喪葬禮儀，祭祀時籌備好佐酒的菜餚，進行三次獻酒。古代祭祀時獻酒三次，即初獻爵、亞獻爵、終獻爵，合稱「三獻」，祭祀時三獻禮為主要之禮儀，代表對祖先崇敬之意。根據《儀禮・特牲饋食禮》所述，由主人初獻、主婦亞獻、賓客三獻，可以看出三獻之禮已隱約成形，只是當時尚未有「三獻禮」的名稱。「三獻爓（ㄧㄢˋ）」的意思，是指三獻時，用滾開水燙

3　〔漢〕鄭玄注、〔唐〕賈公彥疏：《儀禮注疏》（臺北市：藝文印書館，1998年），卷42，頁499。

4　〔漢〕鄭玄注、〔唐〕賈公彥疏：《儀禮注疏》，卷45，頁532-533。

5　〔漢〕鄭玄注、〔唐〕孔穎達正義：《禮記正義》（臺北市：藝文印書館，1998年），卷24，頁467、473。

過的半生不熟的肉來祭拜。根據漢代經學家鄭玄注解：「一獻，是祭群小祀；三獻，是祭社稷五祀；五獻，是祭四望山川；七獻，是祭先公。」[6]舉行一獻之禮的祭祀就顯得質樸簡略；三獻之禮，比較有文采；五獻，明審細緻；七獻，就簡直是面向神明了，明確的指出祭諸神獻數之取義，各有差別。

（二）三獻禮的概況

歷朝史書的禮樂志，或談禮專書，亦有記載三獻禮的概況，《宋書》、《隋書》、《舊唐書》記載有關「三獻禮」使用的敘述，茲臚列如下：

> 《後漢書‧百官志》：「光祿勳，卿一人……郊祀之事，掌三獻。」[7]
>
> 《宋書‧禮志》：「『郊祀之事，太尉掌亞獻，光祿掌三獻。太常每祭祀，先奏其禮儀及行事，掌贊天子。』無掌獻事。」[8]
>
> 《隋書‧禮儀志》：「講畢，以一太牢釋奠孔父，配以顏回，列軒懸樂，六佾舞。行三獻禮畢，皇帝服通天冠、絳紗袍，升阼，即坐。宴畢，還宮。」[9]
>
> 《舊唐書‧禮儀志》：「禮成於三，初獻、亞、終，合於一處。」[10]

6　同上註，頁473。

7　〔劉宋〕范曄撰、〔唐〕李賢等注：《後漢書》（臺北市：鼎文書局，1987年），頁3574。

8　〔梁〕沈約：《宋書》（臺北市：鼎文書局，1987年），卷16，頁428。

9　〔唐〕魏徵、令狐德棻：《隋書》（臺北市：鼎文書局，1987年），卷9，頁180。

10　〔後晉〕劉昫等：《舊唐書》（臺北市：鼎文書局，1987年），卷23，頁898。

由上述引文，可知有完整的「三獻禮」施行的敘述，首見於《宋書・禮志》。「三獻禮」名稱之出現，則始於《隋書・禮儀志》。由皇帝行「初獻禮」，太常行「亞獻禮」，光祿行「終獻禮」。若皇帝無法親祀，則由三公行事。三獻禮適用於各項祭拜活動，可能因場合性質之不同，而有表面詞令上的些許變化，但其基本禮式架構，由「初獻」、「亞獻」、「終獻」所組成，是始終不變的。《禮記・禮器篇》說：「禮時為大，順次之，體次之，宜次之，稱次之。……天地之祭，宗廟之事，父子之道，君臣之義，倫也。」[11]說明制禮之要點，最重大者是根據時代環境，其次是順應倫理分際，再其次是祭祀之主體，再其次是注意事理之所宜。更強調天地之祭，宗廟之事，蘊涵尊卑長幼、父子君臣的倫理作用，是不容輕忽的。三獻禮跟眾多禮儀一樣，儼然成為當代社會典章制度的一部分，是朝野所共同遵循奉行的，這也是傳統禮儀所隱含的重要意義。

四　三獻禮之意義

從古籍經文之記載，可知三獻禮具有二種義涵：

（一）獻酒三次

《儀禮・聘禮》：「薦脯醢，三獻。」[12]《廣雅》：「獻，進也。」古代祭祀時籌備好佐酒的菜餚，進行三次獻酒，即初獻爵、亞獻爵、終獻爵，合稱「三獻」。

---

11 〔漢〕鄭玄注、〔唐〕孔穎達正義：《禮記正義》，卷24，頁450。
12 〔漢〕鄭玄注、〔唐〕賈公彥疏：《儀禮注疏》，卷23，頁275。

（二）三種祭品

〔宋〕沈括《夢溪筆談・辯證一》：「祭禮有腥、燗、熟三獻。」可知，三獻含三種祭品之義，就是生肉、煮得半熟的肉、完全熟的肉。

綜合上述，可知第一次進獻統稱「初獻」。進獻儀品以「酒」為主，「饌」或稱「祿」次之。進獻時主祭持酒、與祭奉饌，或左（以神位為準）主祭持酒、右主祭奉饌。傳統祭禮實際上是一連串的活動，祭祀儀式末節「進熟」時，方進行初獻、亞獻、終獻之進獻儀式。祭儀中因具初、亞、終三獻之特徵而有「三獻禮」之名稱，語云：「禮成於三，無三不成禮」，「三獻禮」也因其特色而成為世代遵循、永續不絕的禮儀範本。其次，還可了解三獻禮在古代，無論朝野官民皆遵循奉行，不但國家祭典、家廟時享，連庶民歲祭節令，皆遵行三獻禮，皆以行三獻禮為表示崇高之敬意。[13]可見三獻禮是傳統祭儀的主要部分，亦是傳統禮儀的精華所在。

五　傳統客家祭祀活動中的三獻禮

本論文所要探究的三獻禮，是客家族群在祭祀儀式上所使用的三獻禮。祭祀三獻禮，通常是在祭祖禮儀或客家地區宮廟祀神之禮上使用。茲舉新竹縣張昆和宗祠秋季與清明祭祖三獻禮為例，以探究三獻禮的禮儀形式、儀注用詞、行禮內容。

（一）禮儀形式

行禮時宣唱節目或執行禮儀程序者，通稱「禮生」。三獻禮禮生，主要包括「通」一人、「引」一人，有些地方尚設有「讀文生」一人。

---

13 葉國杏：《客家喪祭三獻禮及其教育意涵之研究》（臺北市：臺灣師範大學教育研究所碩士論文，2004年8月），頁129。

通者，有如現今的司儀；引者，負責導引主、與祭人員行禮；讀文生
主要任務，為讀祭文，有些地區尚兼主持告神，未設讀文生者則由通
或引代讀。另外，於場上襄助禮儀進行者，稱為「執事」。執事，員額
二人或四人，端視各地習俗而定。[14]

三獻禮進行之流程[15]：

一、祭禮開始

（一）「通」：鳴砲

執事者各司其事。

主祭者、陪祭者就位。

焚香、參神鞠躬、上香，「跪」叩首、再叩首、三叩首，
「興」、「跪」叩首，再叩首、六叩首。

「跪」叩首、再叩首、九叩首，「興」、盥洗。

「引」：詣于盥洗所、盥洗，平身復位。

（二）「通」：執事者焚香酌酒、降神。

「引」：詣于降神所，一揖、再揖、三揖，平身復位。

（三）「通」：執事者焚香主祭者受香，香席前「跪」、上香、再
上香、三上明香。

敬酒、再敬酒、三敬酒、壘酒、祭酒。叩首、再叩首、三
叩首，「興」。

二、行獻禮

（一）「通」：執事者進爵進祿行初獻禮。

「引」：詣于清河堂上張氏始太高曾祖考妣之神位前

14　〔清〕孔令貽：《聖門禮誌》，（濟南市：山東友誼書社，1989年）。

　　〔明〕李之藻：《頖宮禮樂疏》，（臺北市：中央圖書館，1970年。）

15　張添錢：〈認識客家三獻禮與張氏宗祠祭典〉，《紀念來臺祖善文公渡海二百四十週
　　年特刊》（新竹縣：張昆和祭祀公業，2015年2月），頁18-20。

「跪」進爵、進祿、叩首、再叩首、三叩首,「興」,平身復位。

「通」:讀祝文。

「引」:詣于清河堂上張氏始太高曾祖考妣之神位前「跪」讀祝文、叩首、再叩首、三叩首,「興」,平身復位。

(二)「通」:執事者奉爵、奉祿行中獻禮。

「引」:詣于清河堂上張氏始太高曾祖考妣之神位前「跪」奉爵、奉祿、叩首、再叩首、三叩首,「興」,平身復位。

(三)「通」:執事者獻爵、獻祿行三獻禮。

「引」:詣于清河堂上張氏始太高曾祖考妣之神位前「跪」獻爵、獻祿、叩首、再叩首、三叩首,「興」,平身復位。

(四)「通」:侑食[16]

獻剛鬣(ㄌ一せ乀)[17]、獻牲體、獻菓品、侑食、俸帛、獻帛、焚祝文化財。

主祭者暫退、執事者與祭者亦退、行分獻禮。

(五)「通」:主祭者復位、望燎[18]。

「引」:詣于望燎所、望燎、一揖、再揖、三揖、平身復位。

---

16 《儒林外史》第三十七回:「金東崖贊:『行侑食之禮。』指祭祀中為先人助歆享酒食之興。』」「侑食」,勸食、敬酒之意。

17 《禮記‧曲禮下》:「凡祭宗廟之禮:牛曰一元大武,豕曰剛鬣,豚曰腯肥,羊曰柔毛,雞曰翰音,犬曰羹獻,雉曰疏趾。」剛鬣即是豬公。

18 〔清〕趙爾巽等:《清史稿‧吉禮》:「有司奉祝,次帛,次饌,次香,各詣燎所,唱「望燎」。」(臺北:鼎文書局,1987年)卷83,頁2505。「望燎」是祭祀最後一道程式。

（六）「通」：辭神、鞠躬

　　　　「跪」叩首、再叩首、三叩首「興」；

　　　　「跪」叩首、再叩首、六叩首；

　　　　「跪」叩首、再叩首、九叩首。

　　　　主祭者退位、執事者、陪祭者亦退位。

三、禮畢，撤收。

在宗祠祭祀祖先

在祖塔祭祀祖先

（二）三獻祭禮的內容與意義

三獻祭禮進行的儀節，祭祀進獻前的準備動作，包括前奏、就位、盥洗、參神、降神、上香祭酒；中段包括初獻禮、讀祝文、亞獻禮、終獻禮；後段包括侑食、分獻禮、望燎、辭神、禮畢、撤收。其中參神，就是參見神明（主神）；盥洗，就是洗手，準備上香。降神，請神明（天地神）降臨接受祭拜之意。上香祭酒，主神已參見，天地客神請到，開始上香祭酒，祭酒又稱「祭福神」或「祭茅砂」。祭禮前奏的鳴炮三響或一陣。放炮又稱「發引」、「連三元」。盥洗亦稱「盥手」，乃洗手的意思。盥洗地點通常設在場外側邊。[19]

第一次進獻統稱「初獻」。進獻儀品以「酒」為主，進獻時主祭持酒、與祭奉饌。讀祝文，一般皆跪地、向神位而讀。三獻及讀祝之後三次斟酒，再三叩首復位。侑食通常由主祭執行，結束後暫退位，由與祭者或執事代行分獻禮。分獻禮分別進獻剛鬣（豬）、牲醴、粿品、財帛（金銀紙錢）等，祭品勿須移動，分獻禮常與侑食混同舉行，財帛獻後與祝文同時焚燒。望燎地點在金爐旁，其動作由主祭在金銀紙灰爐上點酒三次。辭神行三跪九叩禮，「辭神」為辭退神明之意。參神與辭神皆用三跪九叩禮，諭慎重其事，前後一致。禮畢又稱「禮成」。撤收有稱「撤饌」。[20]

綜上所述，可知張昆和宗祠秋季與清明祭祖三獻禮之儀式流程，其來有自，是傳承我國古代之禮俗，而流傳千百年遍行客家地域的三獻禮，亦保有原本同樣之行禮方式，充分說明客家三獻禮與傳統古禮之密切關係。客家三獻禮行禮時，除了通者站立發令不動外，其餘如引者、主祭者、與祭者、執事者，各個情節都要在場上來回穿梭行

---

19 葉國杏：《客家喪祭三獻禮及其教育意涵之研究》（臺北市：臺灣師範大學教育研究所論文，2004年8月），頁129。

20 同上注。

事，加上樂團的八音演奏，贊相的吟誦唱和，全場聲音動作的搭配和諧，烘托出三獻禮與眾不同的風格，堪稱客家三獻禮的一大特色。在祭典的流程中，「不能用國語，也不能用河洛語唱，只能以客家話吟唱。」由此可見，客家人對三獻吉禮的重視與緬懷先祖的誠敬心意。

六　結語

本研究結合歷史學和傳統禮儀的研究方法，透過文獻史料的搜集、考證資料，來探究新竹縣張昆和宗祠三獻禮儀式的風貌，進而闡述客家三獻禮的文化意涵。禮俗文化是人類在歷史的過程中發展出來的，是歷史經驗的沉澱與留存。客家文化是移民文化，不斷面臨新的挑戰，在新舊文化的兼容並蓄下，展現出客家人「崇本報先，啟裕後昆」的文化觀。[21]在客家人的各項祭祖活動中，祭祀祖先是為祠堂的最主要功能，而祠祭三獻禮是其中最為重要的儀式之一。《荀子・禮論》說：「祭者，志意思慕之情也，忠信愛敬之至矣，禮節文貌之盛矣。」說明祭禮主要在表達後代子孫對祖先的思慕懷念之情，祭禮是喪禮的延續，不但可以表達報恩情懷，更可以溯本探源，敦厚人情而不致數典忘祖。客家族群每逢春、秋兩祭，整個家族子孫集合在祠堂或祖塔前，以豐盛牲醴、粢盛菓品，於堂前行隆重三獻大禮祭拜祖先，充分展現慎終追遠、報本返始、教孝感恩之文化意涵。茲述臺灣客家三獻禮的文化蘊涵如下：

（一）慎終追遠，教孝感恩

曾子說：「慎終追遠，民德歸厚矣。」（《論語・學而篇》）「慎終」

---

21 廖開順：〈論河洛文化的根性精神及客家文化的根性精神〉，《歷史月刊》第244期，（2008年5月），頁55。

的意思，就是為人子女要以敬慎的心情，去辦理父母的喪事；「追遠」，就是後代子孫要以不忘本的心情，去祭拜歷代的祖先。《禮記·祭統篇》更進一步說：「祭者，所以追養繼孝也。」說明養生送死，乃為人子女者應盡的孝道，都是思念父母恩德，追懷祖先德澤的孝道表現，更是喪、祭禮的真諦。祭祖掃墳，可以讓後代的子孫了解我們的生命，是上承祖先的命脈而來，是生生不息的，還要一代代的傳承下去，如果自己不努力進德修業，將愧對祖先的創業維艱，將何以承續香火為子孫開創基業？因此「慎終追遠」的喪禮祭禮，正蘊含有移風易俗的教化作用。在樸質自然的生命實感中，有其人文價值的莊嚴，使天下人民的道德歸於淳厚，這就是禮俗教化的正面意義。[22]客家喪祭三獻禮，每祭皆要降請天地神祇同鑑禮儀，祭祖配祭天地神祇，其義為感謝天生地養之恩。[23]這都是客家人對祖先的虔誠尊敬，以及期盼子孫懂得飲水思源，世世代代承續傳統的表徵。

（二）報本反始，宣揚祖德

祭祀天地和祖先，同樣是客家人「報本反始」、「慎終追遠」的精神。客家人認為生命是可貴的，祭祀祖先，是一種非常肅穆的傳統。《禮記·禮器篇》記載：「禮也者，反本修古，不忘其初者也。」《禮記·祭義篇》又說：「致反始，以厚其本也。」說明天下之禮儀，有「報本反始」、「厚重其本」的意涵。《禮記·大傳》說：「上治祖禰，尊尊也。下治子孫，親親也。旁治昆弟，合族以食，序以昭穆，別之以禮義，人道竭矣。」說明祭祀禮儀之功能，在發揮人們仁民愛物的

---

22 王邦雄、曾昭旭、楊祖漢：《論語義理疏解》，（臺北市：鵝湖出版社，1987年），頁319-320。

23 葉國杏：《客家喪祭三獻禮及其教育意涵之研究》（臺北市：臺灣師範大學教育研究所論文，2004年8月），頁129。

天性，由親愛親人、尊重先祖、尊敬宗族，使宗廟莊嚴完備，推衍至
國家社會安定和諧，政清俗美，這就是祭祀禮儀，所要達成之仁愛功
能。客家人因自身的顛沛流離，在時時為客、處處為客的窘境中，深
切地體會到故土的可貴，在客家諺語中，反映客家人愛鄉情懷的內容
俯拾皆是：「樹高不離土，葉落仍歸根」，這是對家鄉的深情。在客家
人的文化中，充分表現出濃厚的移墾社會痕跡，因而形成刻苦耐勞、
遵守祖訓，承續傳統文化與風俗特有的民族性。

（三）尊祖敬宗，促進宗族團結

　　從大陸播遷到臺灣的客家先民，不但帶來客家的語言與風俗習
性，同時，大多還帶上祖宗香火牌位。舉凡姓氏家族聚居之地，必設
置宗祠。客家人重視祖先與宗族意識，因為祖先是每個人的血緣生命
與文化淵源。《荀子・禮論》說：「禮有三本：天地者，生之本也。先
祖者，類之本也。君師者，治之本也。……故禮上事天，下事地，尊
先祖而隆君師，是禮之三本也。」客家人以敬家神為主，廟神為次。
家神也就是祖宗牌位，也就是「阿公婆牌」，這部分包括家裡的公
廳、宗族的祠堂以及同姓的家廟，是全部家庭的文化活動發生的重心
所在。[24]客家人認為生命是可貴的，祭祀祖先，是一種非常蕭穆的傳
統。並告誡子孫要飲水思源，不可以忘本。客家人大都掛起祖先的堂
號，視為光榮的標記。客家文化是以「耕讀傳家」為核心主軸而發
展，於是在性格上，客家人勤勞節儉、刻苦耐勞；在人倫關係上，客
家人敬祖睦宗、長幼有序；在社會意識上，客家人團結、要求與人和
睦相處、能忍讓；在品德操守上，要求人品氣節更勝於富貴，並且敬
愛自然萬物。這是值得每一位客家子弟，念茲在茲的偉大精神。

---

24 劉還月：《臺灣的客家族群與信仰》（臺北市：常民文化出版，1996年），頁210-213。

參考文獻

古籍部分

〔漢〕鄭玄注、〔唐〕賈公彥疏：《周禮注疏》，臺北市：藝文印書
　　　館，1998年。

〔漢〕鄭玄注、〔唐〕賈公彥疏：《儀禮注疏》，臺北市：藝文印書
　　　館，1998年。

〔漢〕鄭玄注、〔唐〕孔穎達正義：《禮記正義》，臺北市：藝文印書
　　　館，1998年。

〔漢〕范曄：《後漢書》，臺北市：鼎文書局，1987年。

〔梁〕沈約等：《宋書》，臺北市：鼎文書局，1987年。

〔後晉〕劉昫：《舊唐書》，臺北市：鼎文書局，1987年。

〔唐〕魏徵、令狐德棻：《隋書》，臺北市：鼎文書局，1987年。

〔宋〕朱熹：《四書章句集注》，臺北市：鵝湖出版社，1998。

〔清〕孔令貽彙輯：《聖門禮誌》，濟南市：山東友誼書社，1991年。

〔清〕趙爾巽等：《清史稿》，臺北市：鼎文書局，1980年。

〔清〕吳敬梓：《儒林外史》，臺北市：三民書局，1900年。

〔清〕王先謙：《荀子集解》，臺北市：世界書局，1991年。

近人論著

王貴民：《中國禮俗史》，臺北市：文津出版社，1993年。

甘懷真：《唐代家廟禮制研究》，臺北市：臺灣商務印書館，1991年
　　　11月。

柯佩怡：《臺灣南部客家三獻禮之儀式與音樂》，臺北市：文津出版
　　　社，2005年8月。

高　明：《高明孔學論叢》，臺北市：黎明文化事業公司，1978年7月
　　　　初版。

徐正光：《臺灣客家研究概論》，臺北市：行政院客家委員會、臺灣客
　　　　家研究學會合作出版，2007年。

徐福全：《臺灣民間傳統喪葬儀節研究》，自印，2003年9月。

陳運棟：《臺灣的客家禮俗》，臺北市：臺原出版社，1991年8月。

謝金汀：《客家禮俗之研究》，苗栗縣：中華文化復興運動推行委員
　　　　會，1989年。

謝重光：《客家源流新探》，福州市：福建教育出版社，1995年10月。

劉還月：《臺灣的客家族群與信仰》，臺北市：常民文化出版社，1999
　　　　年。

羅香林：《客家研究導論》，臺北市：南天書局，1992年。

王邦雄、曾昭旭、楊祖漢：《論語義理疏解》，臺北市：鵝湖出版社，
　　　　1987年。

碩士論文

葉國杏：《客家喪祭三獻禮及其教育意涵之研究》，臺北市：臺灣師範
　　　　大學教育研究所碩士論文，2004年8月。

單篇論文

曾蘭香：〈三獻禮〉，《六堆雜誌》第94期，2002年。

郭文涓：〈家廟祭祖研究──以臺中市張廖家廟為例〉，臺中市：國立
　　　　中興大學中國文學系，2003年。

張添錢：〈認識客家三獻禮與張氏宗祠祭典〉，《紀念來臺祖善文公渡
　　　　海二百四十週年特刊》，新竹縣：新竹張昆和祭祀公業編，
　　　　2015年。

廖開順：〈論河洛文化的根性精神及客家文化的根性精神〉，《歷史月
　　　　刊》第244期，2008年。

網路資源

客委會網址：http://www.hakka.gov.tw。
中央研究院漢籍電子文獻瀚典全文檢索系統網址：http://hanji.sinica.
　　　　edu.tw。
張廖家廟〈客家文化、客家禮俗與儀典〉（www.chang-liao.url.tw/100
　　　　years_lista_05.html）。

第五章
臺灣客家傳統婚姻禮俗探析

一　前言

　　中華民族自古以來就重視家庭和睦、重視親情倫理。《易經・繫辭・序卦》上說：「有天地，然後有萬物；有萬物，然後有男女；有男女，然後有夫婦；有夫婦，然後有父子；有父子，然後有君臣；有君臣，然後有上下；有上下，然後禮儀有所錯。」[1]說明夫婦之道是人倫的開始，夫婦組建了家庭，然後才產生父子、兄弟、君臣、朋友五倫的關係。夫婦一倫在其中占據著核心的地位。所以《中庸》說：「君子之道，造端乎夫婦，及其至也，達乎天地。」[2]可見儒家的聖賢之道，是從修身、齊家的義理開始，進而擴展到治國、平天下。從個人的修身養性，到夫妻親愛和順，使得家和萬事興，延伸到國家昌盛，社會安寧。《詩・大雅・烝民》說：「天生烝民，有物有則，民之秉彝，好是懿德。」[3]說明中國自古以來，上天生下眾民，萬事萬物都有依循的準則，人民所秉持的一個意識趨向，都喜歡這美好的品德，也就是禮教的本源。

　　客家人移民臺灣，始自三百多年前的明末清初時期，至少直到日

1　〔魏〕王弼、〔晉〕韓康伯、〔唐〕孔影達疏《周易・繫辭・序卦》（臺北市：藝文印書館，1993年），卷10，頁187。
2　〔宋〕朱熹：《四書章句集注》（臺北市：鵝湖出版社，1998年），頁23。
3　〔漢〕毛亨傳、鄭玄箋、〔唐〕孔穎達正義：《毛詩正義・大雅・烝民篇》（臺北市：藝文印書館，1998年），卷18，頁674。

治時期，臺灣客家人的傳統婚姻方式仍是遵從「父母之命，媒妁之言」的古訓，男婚女嫁，明媒正娶，以「生兒育女，傳宗接代」為己任，並傳承儒家「同姓、近親不婚」的習俗。結婚儀典是客家人重視的生命禮俗，源始於中原漢族的客家民系，生活習俗傳承了中華文化傳統；對個人而言「結婚」不僅是「合二姓之好」，攜手共創人生美好未來的嶄新開始，更是「上以事宗廟，而下以繼後世」，深具承先啟後、繁衍後代的家族大事。本論文主要探究臺灣客家傳統婚姻禮俗儀典，從客家歷史、文化、精神等角度來分析與詮釋，並以先秦經典《儀禮》、《禮記》所述，探究臺灣客家傳統婚姻禮俗儀典的脈絡源流、典故由來、歷史沿革等。最後，從客家傳統婚姻禮俗，探究其所蘊涵的文化內涵。

二　臺灣客家傳統婚姻禮俗之典故由來

　　《禮記正義》記載：「案鄭《目錄》云：「名曰《昏義》者，以其記娶妻之義，內教之所由成也。此於《別錄》屬《吉事》也。」[4]這一篇是根據《儀禮·士昏禮》而解釋其義而推廣言之的，《禮記·昏義》中所敘述：「納采、問名、納吉、納徵、請期、親迎」六禮，是漢族傳統婚禮的範本，影響至今，臺灣客家傳統婚姻禮俗也延續六禮的意涵，我們可以從《禮記·昏義》的記載，尋覓到客家傳統婚姻禮俗典故由來與歷史沿革。茲臚列相關的記載如下：

　　　　《禮記·昏義》：「昏禮者，將合二姓之好，上以事宗廟，而下

4　〔漢〕鄭玄注、〔唐〕孔穎達疏：《禮記正義·昏義》（臺北市：藝文印書館，1998年），卷61，頁999。

以繼後世也，故君子重之。是以昏禮納采，問名，納吉，納
徵，請期，皆主人筵几於廟，而拜迎於門外。入，揖讓而升，
聽命於廟，所以敬慎重正昏禮也。」[5]

由上述引文可知，在婚禮中的「納采、問名、納吉、納徵、請期」這
五個步驟，都要慎重其事。「納采」是婚禮的第一步，男方中意某家
姑娘時，就會派遣媒人通知女方家長，傳達求婚之意，如果經過女方
初步同意，就會送雁至女家，表示正式接受男方采擇之禮。納采後，
由媒人請教女方父親與母親姓名、女方的名字與出生年月日等，以便
卜其婚配的吉凶。「問名」之後，男方將女子的生庚八字置於廟堂前
求神問卜，若卜出的吉兆，則遣媒人執雁告知女方，表示婚事大抵已
定。因此納吉相當於正式訂約。經過納徵禮後，男家具備婚期吉日書
及禮物往告女家，以請求完婚的確定日期。古代新婚通常於黃昏時，
親往女家迎接新婦回來。新娘入宅後，婚禮告一段落。每逢男方的使
者到來時，女方家長都是在廟裡準備筵席，招待來訪的賓客。進入廟
門，賓主揖讓升階登堂，在廟堂上聽使者傳達男方家長的意見。之所
以這樣做，就是為了表示對婚禮的敬慎和鄭重。

《禮記‧昏義》：「敬慎重正而後親之，禮之大體，而所以成男
女之別，而立夫婦之義也。男女有別，而後夫婦有義；夫婦有
義，而後父子有親；父子有親，而後君臣有正。故曰：昏禮
者，禮之本也。夫禮始於冠，本於昏，重於喪祭，尊於朝聘，
和於射鄉，此禮之大體也。」[6]

5　〔漢〕鄭玄注、〔唐〕孔穎達疏：《禮記正義‧昏義》，卷61，頁999。
6　〔漢〕鄭玄注、〔唐〕孔穎達疏：《禮記正義‧昏義》，卷61，頁1000。

《禮記‧昏義》一篇闡述了古人對婚禮的重視，婚禮是結合兩個姓氏之間的歡好，對上事奉宗廟、對下延續後嗣的事，因此君子重視婚禮。《禮記‧郊特牲》說：「夫婚禮，萬世之始也。取於異姓，所以附遠厚別也。」[7]說明經過敬謹隆重而光明正大的婚禮，夫妻才能相親相愛，同時形成男女之間的區別，建立起夫妻之間正當的道義。夫妻依禮結合，相互尊重而後有情義產生，而後產生父子間的親情，父子有親情，然後君臣之間才能各安其位。所以《禮記‧禮運》說：「何謂人義，父慈、子孝、兄良、弟弟、夫義、婦聽、長惠、幼順、君仁、臣忠十者，謂之人義。」[8]唯有人與人彼此相愛，纔能達到父子相愛，不失父慈子孝之道；兄弟相愛，不失兄友弟恭之道；夫婦相愛，不失夫義婦聽之道；君臣相愛，不失君仁臣忠之道；朋友之間，不失守信之道，彰顯出五倫或五常，是相對的人際關係。由此可知，婚禮是所有禮的根本。結婚是人生的大事，具有事奉宗廟、生兒育女、傳宗接代的神聖任務。

三　臺灣客家傳統婚姻禮俗之沿革

　　展閱客家傳統婚俗的卷軸，歷經時代的更迭與現實環境的影響，已產生重大的變革，但萬變不離其宗，至今仍有許多值得探討與傳承文化的意涵存在。我們可以從《禮記‧昏義》的記載，尋覓到客家傳統婚姻禮俗典故由來與歷史沿革。傳統的客家觀念，與漢族社會一樣是重男輕女，婚姻禮俗中也含有「男大當婚，女大當嫁」、「嫁出去的女兒，潑出去的水」、「三從四德」、「傳宗接代」等觀念。針對臺灣客家婚俗演變內容，首開研究之先河，當推一九六七年，廖素菊於《臺

7　〔漢〕鄭玄注、〔唐〕孔穎達疏：《禮記正義‧郊特牲》，卷26，頁505。

8　〔漢〕鄭玄注、〔唐〕孔穎達疏：《禮記正義‧禮運》，卷22，頁431。

灣文獻》發表之〈臺灣客家婚姻禮俗之研究〉[9]，茲依據此篇論文敘述臺灣客家最早的婚姻禮俗梗概，如下：

（一）臺灣客家最早的婚姻禮俗

客家人來臺當時的婚禮，已由古代六禮合併為「納采」、「問名」、「過聘」、「于歸」等四禮。男女雙方經由媒人從中說合，而在女方家行採擇之禮，是為「納采」。「問名」原是請問女方姓氏，要求獲得女子的年庚。「過聘」相當於古禮之「納徵」，但客家婚俗仍將「請期」合併於「過聘」禮中。女方接受「過聘」的聘禮，表示婚約完全成立。「過聘、請期」完後，男女兩家即著手籌備結婚的一切事宜。早期的客家婚俗中，新婚不親迎，由媒人或兄弟一人前往迎娶，乃行「于歸」之禮。于是往的意思，婦人往夫家，故以嫁為歸，是謂「于歸」；男婚則謂「完娶」。日據後期臺灣客家的婚姻禮俗，一般分為「議婚」、「過定」、「完聘」、「送日子」及「親迎」等五過程。[10]陳運棟說：「這篇文獻對客家婚俗的演進，由古代至臺灣光復後，都有很詳盡的分析。」[11]對客家婚俗變遷的脈絡，有詳實的解說，的確是篇極具參考價值的文獻。

（二）一九四一年至二〇〇一年臺灣客家的婚姻禮俗

臺灣客家人的分布以桃園縣、新竹縣、苗栗縣、臺中縣、高雄縣、屏東縣居多，其中以高、屏兩縣的六堆客家來臺最早，尤其是屏東地區的客家聚落，更為六堆開墾之首。[12]因此本文參酌劉薇玲的碩

9　廖素菊：《臺灣文獻》，第18卷第1期，1967年。

10　陳運棟：《客家人》（臺北市：聯亞出版社，1983年），頁353-354。

11　陳運棟：《臺灣的客家禮俗》（臺北市：臺原出版社，1996年），頁30。

12　徐正光：《第一屆屏東研究研討會論文集二》（屏東縣：屏東師範學院社會科教育學系，財團法人大武山文教基金會，屏東縣立文化中心，2000年），頁118。

士論文《屏東客家婚俗變遷之研究——以六堆中區為例》，來探究三〇年至九〇年臺灣客家傳統婚俗的沿革。根據調查臺灣客家傳統婚俗分為五個流程，即議婚、過定、送日子、親迎至轉門。[13]因為篇幅有限，僅臚列大要如下：

1 議婚

當男方中意某家女子時，委請媒人出面經由下列層序：[14]
1. 說親（作媒人）、2. 看親（看細妹仔）、3. 查家門、4. 開婚（討八字）、5. 合八字（看日仔）、6. 議聘

由上述可知，議婚要經由六個步驟來完成，從說親到女方父母若覺得男方條件適當，則同意媒人安排看親時間，以進行看親。媒人帶著男方當事人及其父親、兄長或男性親友至女方家看女子，經由奉茶招待至在茶盤上放入紅包，以紅包大小來決定女方對男方是否中意。女子的母親會邀集自家親戚作伴，一同前往男方家查家門，實際視察其經濟狀況及家庭環境等。女方經過查家門後，若未將男方給的紅包退回，則表示婚事有進一步發展的可能，此時，媒人會前去女家探訪並提親，順道討取女子的生庚八字。接著就是將兩人的八字拿去擇日與合婚。經八字排算結果屬佳，即可擇選過定吉日，同時，媒人亦代為向女家詢問聘禮數，以討論喜餅、聘金等相關事宜。[15]

2 過定

過定之禮又稱為「過聘」。媒人代表男方前去女家送禮，女方接

---

13 劉薇玲：《屏東客家婚俗變遷之研究——以六堆中區為例》（臺南市：臺南大學鄉土文化研究所碩士論文，2003年），頁26。

14 劉薇玲：《屏東客家婚俗變遷之研究——以六堆中區為例》，頁26-27。

15 劉薇玲：《屏東客家婚俗變遷之研究——以六堆中區為例》，頁26-27。

受聘禮之後，則表示婚約完全成立。男方贈禮的內容如下：[16]

　　1.聘金、2.金飾、3.喜餅、4.甜料、5.檳榔、6.香煙、7.祭
　　祖敬物。

由上述可知，送聘時，通常是以紅紙將聘金包裹整齊，並由媒人轉交
於準新娘父母。金飾包括金戒指一對、金手環一對、金項鍊一條。喜
餅是白色及米色的米麩粄。甜料有冬瓜片、冰糖、散糖，另備五牲
盤，以供女方拜祖時使用。男方備妥禮金、禮品後，由媒人將禮物扛
送至女方家。女方父母收下聘禮後，旋即將所有禮金物品，置於祖先
神案上，並焚香祭告祖先。女方回敬男方的禮物約可分為六類：食品
類、衣飾類、植物類、文具用品類、水果類、罐頭乾料食品。過定之
後，男方尚須依兩人的八字再請擇日師挑選結婚吉日。[17]

3　送日子（送日仔）

　　又稱「送日課」、「送日頭」、「報日」，即所謂的「完聘」。男方將
剩餘的聘金，連同吉日課、親家帖、紅包兩包（開剪錢、開面錢），
及少許的散糖或糕餅置於小籮中，再請媒人送至女方家，以告知結婚
佳期。[18]

4　親迎

　　親迎是婚禮的重頭戲，在男方俗稱為「討妻子」；女方則稱之為
「行嫁」。

　　親迎當天的儀式流程：

16　劉薇玲：《屏東客家婚俗變遷之研究——以六堆中區為例》，頁26-27。
17　劉薇玲：《屏東客家婚俗變遷之研究——以六堆中區為例》，頁26-27。
18　劉薇玲：《屏東客家婚俗變遷之研究——以六堆中區為例》，頁30。

1.起媒（逕露水）、2.迎親、3.打紙炮、4.祭祖、5.辭別父母、6.上轎、7.潑水、8.擲扇、9.食朝、10.打胭粉、11.拜轎門、12.邏三朝、13.過米篩、14.進房（入新娘間仔）、15.坐褲（坐服仔）、16.剪卵、17.拜祖、18.宴客、19.照相、20.扛茶、21.進燈、22.謝媒

迎娶隊伍從男家出發前往女家迎親，「起媒」（早期稱為「逕露水」，由媒人先行出發至女家催妝）。從「迎親」至「擲扇」的儀式，是男家至女家迎娶新娘的流程，新娘轎出發時，女方家人或好命人會向轎頂潑灑竹葉水，並輔以「好命富貴」、「好命得人惜」等好話，亦代表女兒今後將和夫家要和睦相處，不輕言離異。轎子啟動後，新娘往外擲出一只舊扇子，由潑水者將之撿起，並打開搧風，口唸「有來有去」，表示新娘日後還能與娘家的人有來有往，時常保持聯絡。從「拜轎門」至「謝媒」的儀式，是新娘下轎至男家的流程。經過親迎二十二項繁瑣的流程，新郎、新娘向媒人行禮道謝，並送上紅包，贈給媒人以表達感謝之意，婚姻至此即完成親迎之禮。[19]

5 轉門

客話俗稱歸寧為「轉門」，即回娘家之意。依照習俗，轉門多選擇在婚後第三、六、九天，或依吉日課上所書的時間來決定。轉門當天是由新娘的弟弟來探請新娘回門，俗稱「新舅（妻舅）探房」，若新娘無弟弟，亦可由妹妹或外甥代替。新娘回家後須發給自己的父母和弟弟、妹妹等各一包紅包，娘家的父母也會親自招待回門的女兒、新婚及自家夥房人吃午餐。用完餐後，新娘則陪同新郎扛茶招待親

---

19 劉薇玲：《屏東客家婚俗變遷之研究——以六堆中區為例》，頁31-41。

友，讓新郎藉機認識女方家的親戚。[20]

　　綜合上述，可見三〇至九〇年代臺灣客家傳統婚姻禮俗，向來以遵崇古禮、莊嚴典雅為原則，每一過程禮儀都極為慎重，對應有的禮數也十分周全。客家人是較保守的民系，因此，其傳統婚俗仍以古代六禮為依歸。筆者希望藉由本文的研究，讓年輕一代的客家子孫能關注傳統禮俗的價值。人類通過婚姻，將原本沒有血緣關係的家族結合在一起，成為新的姻親團體。如果說現代婚姻強調的是個人對於伴侶以及核心家庭的責任，那麼傳統婚姻強調的就是個人對於整個家族的責任。目前已是科技文明發達的二十一世紀，社會風氣開通，年輕一代客家人的婚俗已擺脫傳統禮俗的羈絆，自由且開放。

四　結語

　　本論文主要探究臺灣客家婚姻禮俗儀典，從客家歷史、文化、精神等角度來分析與詮釋，並以先秦經典籍《儀禮》、《禮記》所述，探究臺灣客家傳統婚姻禮俗儀典的脈絡源流、典故由來、歷史沿革等。婚姻是人類生命的根源，結婚儀典更是客家人重視的生命禮俗，源始於中原漢族的客家民系，生活習俗傳承了中華文化傳統；對個人而言，「結婚」不僅是人生邁向成熟階段的嶄新開始，可謂「終身大事」，更是「合二姓之好，上以事宗廟，而下以繼後世」深具承先啟後、開枝散葉意義的家族大事。因此客家傳統婚姻禮俗，向來以遵崇古制、莊重典雅為原則，每一過程儀禮都極為慎重，應有的禮數亦十分周全。茲述臺灣客家傳統婚姻禮俗所蘊涵的文化意涵，如下：

---

20 劉薇玲：《屏東客家婚俗變遷之研究——以六堆中區為例》，頁42。

（一）生命禮儀之傳承：傳宗接代

　　《禮記・昏義》中有關於生命禮儀的傳承，植根於血緣的宗法社會，立足於人倫道德之間，雖然歷經二千多年時代洪流的洗禮，落實在人間世中，仍是經世致用，永恆不移。《禮記・昏義》說：「昏禮者，將合二姓之好，上以事宗廟，而下以繼後世也。」對上要同心協力，奉事宗廟社稷、父母及親屬長輩；對下則創造宇宙繼起的生命，生兒育女，延續香火到千年萬代。客家俗語說：「無婆無卵，無家無竇」是很不好的。因此，婚禮的吉祥四句話，都是祈求多子多孫。人類是社會的主體，萬物之靈的人類有聰明睿智能夠組成家庭，使人與人之間產生密切的關係。而維繫人與人互動的社會關係，就是中國古代聖哲所謂的五倫。孔子對魯哀公說：「君臣也，父子也，夫婦也，昆弟也，朋友之交也，五者天下之達道也。」[21]（《中庸》）中國的倫理制度，建立於父子血緣親情，而導源於夫婦之結合，以家庭倫理制度為基礎，然後推展於社會國家，而維繫此種倫常關係的原動力，就是婚禮。可見婚禮自古以來即有傳宗接代的重要使命，更是維繫社會國家和諧的重要基石。

（二）家庭倫理之規範：教孝感恩

　　《孝經》說：「夫孝，德之本也；教之所由生也。」[22]正說明了孝道是維繫家庭倫理、社會安和、國家富強的根本。《禮記・冠義》也說：「故孝弟忠順之行立，而后可以為人，可以為人，而后可以治人也。」[23]說明教孝必須從孝順父母親做起；樹立敬長之典範，從兄友弟恭開始，再擴而充之，推廣到夫婦之和順相處，朋友之講信重義，

21　〔宋〕朱熹：《四書章句集註・中庸章句》，頁28。
22　〔唐〕玄宗注、〔北宋〕邢昺疏：《孝經註疏・開宗明義章》，卷1，頁10。
23　〔漢〕鄭玄注、〔唐〕孔穎達疏：《禮記正義・冠義》，卷61，頁998。

社會人心之敦厚善良，可見一切的倫理道德都是以孝悌為根本。《大學》中強調：「所謂治國必先齊其家者，其家不可教而能教人者，無之。」[24]家和萬事興，齊家就是使家庭和諧、溫暖，齊家乃是治國平定天下的根本。婚禮最大的作用在於規範家庭倫理，區分親疏內外之別，使家庭中「父子有親，夫婦有別，長幼有序」，推展至社會使「君臣有義，朋友有信」，五倫是人人所應該共同履行的五種人倫道德，人類在繁衍進化中，有了五倫，可以強化族群的向心力與凝聚力。中國的倫理制度，建立於夫妻相濡以沫與父子的血緣親情，來凝聚族群力量，進而建立一個人人明禮知恥、講道德、明是非的國家。所以今日教孝，首先應該從加強家庭教育做起，進而使孝親之心由親及疏，由近而遠的擴張。

（三）修身齊家之圭臬：敬慎重正

《禮記・曲禮》說：「道德仁義，非禮不成；教訓正俗，非禮不備；分爭辯訟，非禮不決。」[25]彰顯禮是維繫民族命脈之磐石，凝聚宗族之根本，更是端正社會風氣之指針，一個家庭能實行仁義，才能推行到整個國家人人力行仁義。《中庸》引《詩・小雅・常棣之篇》：「妻子好合，如鼓瑟琴。兄弟既翕，和樂且耽。」[26]夫妻相處和樂，大家都會歡樂融洽，可見儒家體認婚禮是人類所有世代的起源。新婚夫妻以「敬慎重正」的態度去面對婚禮，承繼著傳宗接代、教孝感恩的神聖使命。客家諺語說：「學會三尾好嫁人。」三尾是指「針頭線尾」、「灶頭鑊尾」以及「田頭地尾」。意即女孩子未出閣前，在父母家，必須先學會三尾。將來嫁人後，首先要先能夠縫補衣裳、繡花做

---

24 〔宋〕朱熹：《四書章句集註・大學章句》，頁9。
25 〔漢〕鄭玄注、〔唐〕孔穎達疏：《禮記正義・曲禮》，卷1，頁14。
26 〔宋〕朱熹：《四書章句集註・中庸章句》，頁24。

鞋等女紅。其次還能夠燒火煮飯、烹調膳食等事。再次，也要能夠操作農事、鋤田耕種等。三尾學好，便是好兒女。[27]正說明了客家婦女具備了傳統賢淑的美德，是勤勞節儉、任勞任怨的典型。她們成功的扮演著為人母、為人妻、為人媳的稱職角色，對全家人無怨無悔的付出，猶如春暉般耀眼迷人，溫暖了全家人的心，更照亮了家庭中的每一個角落。

---

27 徐運德編：《客家諺語》（苗栗縣：中原週刊社出版，1993年），頁127。

參考文獻

古籍部分
（依《四庫全書》分類法）

〔漢〕毛亨傳、鄭玄箋、〔唐〕孔穎達正義：《毛詩正義》，臺北市：
　　　藝文印書館，1998年。

〔魏〕王弼、〔晉〕韓康伯注、〔唐〕孔穎達正義：《周易正義》，臺北
　　　市：藝文印書館，1998年。

〔漢〕鄭玄注、〔唐〕賈公彥疏：《儀禮注疏》，臺北市：藝文印書
　　　館，1998年。

〔漢〕鄭玄注、〔唐〕孔穎達正義：《禮記正義》，臺北市：藝文印書
　　　館，1998年。

〔魏〕何晏集解、〔宋〕邢昺正義：《論語注疏》，臺北市：藝文印書
　　　館，1998年。

〔唐〕玄宗注、〔宋〕邢昺疏：《孝經註疏》，臺北市：藝文印書館，
　　　1998年。

〔宋〕朱熹：《四書章句集注》，臺北市：鵝湖出版社，1998年。

現代專著
（依作者姓氏筆畫排序）

王貴民：《中國禮俗史》，臺北市：文津出版社，1993年。

王夢鷗：《禮記今註今譯》，臺北市：臺灣商務印書館，1972年。

周　何：《古禮今談》，臺北市：萬卷樓圖書公司，1992年。

林曉平：《先秦民俗典籍與客家民俗文化》，北京市：中國社會科學出
　　　版社，2016年。

徐正光：《臺灣客家研究概論》，臺北市：行政院客家委員會、臺灣客
　　　家研究學會合作出版，2007年。

徐運德編：《客家諺語》，苗栗縣：中原週刊社出版，1993年。

陳運棟：《臺灣的客家禮俗》，臺北市：臺原出版社，1991年。

劉善群：《客家禮俗》，福州市：福建教育出版社，1995年。

謝金汀：《客家禮俗之研究》，苗栗縣：中華文化復興運動推行委員
　　　會，1989年。

謝重光：《客家源流新探》，福州市：福建教育出版社，1995年。

謝淑熙：《臺灣客家禮俗文化新探索》，臺北市：萬卷樓圖書公司，
　　　2018年。

羅香林：《客家研究導論》，臺北市：南天書局，1992年。

期刊論文

（依作者姓氏筆畫排序）

朱勝斌：〈六堆客家古今婚姻禮俗之探討〉，《六堆客家社會文化發展
　　　與變遷之研究——第十篇宗教與禮俗》，苗栗縣：六堆文化
　　　教育基金會，2001年。

徐正光：《第一屆屏東研究研討會論文集（二）》，屏東縣：屏東師範
　　　學院社會科教育學系，財團法人大武山文教基金會，屏東縣
　　　立文化中心，2000年。

吳韋璉：〈客家婚俗沿革「儀禮、士婚禮」初探〉，《壢商學報》，第五
　　　卷，1997年，頁156-169。

廖素菊：〈臺灣客家婚姻禮俗之研究〉，《臺灣文獻》，卷18期，1967年
　　　3月。

學位論文

（依年代排序）

吳怡君：《臺灣六堆客家婚姻禮俗之研究——以高雄美濃、六龜地區為例》，臺南市：成功大學歷史學系碩士論文，2019年。

向元玲：《苗栗地區客家婚俗研究——以苗栗市、公館鄉、銅鑼鄉為例》，臺中市：中興大學中國文學系碩士論文，2000年。

劉薇玲，〈屏東客家婚俗變遷之研究——以六堆中區為例（1941-2001）〉，臺南市：臺南大學鄉土文化研究所碩士論文，2003年。

第六章

從《禮記‧月令》探析臺灣客家節氣諺語的文化蘊涵

一　前言

　　《禮記‧孔子閒居》說：「天有四時，春夏秋冬，風雨霜露，無非教也。」[1]在儒家看來，這一個充實飽滿的宇宙，無論是日月星辰、風霜雨露、山川湖海、蟲魚鳥獸，以及春夏秋冬四時的運轉，處處都是實理實事的顯現；而實理實事又都是聖人之道的昭著，也是聖人之教的印證。所以宇宙生命和人的生命，是相通而不相隔的，天和人可以交流融通，以達到「天人和諧」的境界。由此可知，德性生命上下四方的流通貫注，可以創造一個「天下一家」、「天人和諧」的廣大豐富的價值世界[2]，使人類的慧命得以生生不息，綿延不斷。

　　《禮記‧月令》是《禮記》第六篇，兼記月與令，月是天文，令是政事。全篇根據天地陰陽五行之氣，具體闡述了一年四季，孟春、仲春、季春、孟夏、仲夏、季夏、孟秋、仲秋、季秋、孟冬、仲冬、季冬十二個月中的天文、曆象、氣候等自然現象，古代聖王順應十二月令天文、氣候的變化，發布禮樂征伐和農業生產的相關政令。通過〈月令〉的記載，我們能深刻體會古人對取法自然，順其自然之道的

1　〔漢〕鄭玄注、〔唐〕孔穎達正義：《禮記正義‧孔子閒居》，卷51，頁862。
2　蔡仁厚：〈生命的提昇與流通〉，《儒家思想的現代意義》（臺北市：文津出版社，1987年）壹，頁218。

不倦追求。在《禮記‧月令》中，記載著一部成熟而完整的十二月令。每個月都有著明確的天象和物候，用以確定天時；它同樣也是透視中華農耕文明基本存在方式的經典文本。諸如仲春之月「始雨水。桃始華。倉庚鳴，鷹化為鳩。玄鳥至。雷乃發聲，始電」；孟夏之月「螻蟈鳴，蚯蚓也，王瓜生，苦菜秀」。孟秋之月「涼風至，白露降，寒蟬鳴，鷹乃祭鳥」；孟冬之月「水始冰，地始凍，雉入大水為蜃，虹藏不見」。由此可見，古人以宏觀的視野，洞悉風雨寒暑逐月變化的現象，與動植物界的生命過程，令人嘆為觀止。

客家諺語中季節和農事、月份和氣候之間的關係，是客家人代代相傳。這是臺灣農業諺語或習俗。它累積了先人許多的經驗和文化，使後代子孫有所依循，不會徒勞無功。儘管時代在進步，科技在發展，這些先民的智慧結晶，至今仍具有重要的文化價值，這些有關農事諺語或習俗將節令、物候、天氣等自然現象，同當地人民群眾的生產、生活緊密聯繫起來，使客家人能及時掌握自然規律，合理適時地安排各種農事活動和生活起居，有效地避免種種自然災害，減少損失，實現人與自然的和諧統一，充分體現了客家人「天人合一」的思想。[3] 本論文主要探究臺灣客家二十四節氣有關的農事諺語，與《禮記‧月令》中古人對四時天象與農耕生活，做綜合的分類和歸納，並各舉一則客話諺語來加以分析詮釋，進而探析臺灣客家節氣諺語的生活文化及思想內涵。

二 《禮記‧月令》二十四節氣內容述略

《周易‧繫辭下》記載：「古者包犧氏之王天下也，仰則觀象於

---

3 宋德劍：〈天人合一的天人觀——儒家生態文明的視野下的客家文化〉，「第五屆儒學國際學術研討會」論文（珠海市：聯合國際學院，2009年12月12-13日）。

天，俯則觀法於地，觀鳥獸之文，與地之宜，近取諸身，遠取諸物，於是始作八卦，以通神明之德，以類萬物之情。」[4]說明古人觀察天象，仰觀天文，俯察地理，通曉萬物之情，深究宇宙大道的原理。觀象授時形成中國特有的思維模式，紀時與方位均採用干支，陰陽、五行、八卦等結合在一起。時間是長短周期的循環，空間為大小區域的全息。在《禮記‧月令》中，記載著一部成熟而完整的十二月令。每個月都有著明確的天象和物候，用以確定天時；它同樣也是透視中華農耕文明的經典文本。我國最早的歷史文獻之一《逸周書》，不僅列出了二十四節氣，更將二十四節氣特有的具體物候、自然現象，都作了記述。據《逸周書‧周月解第五十一》文獻所云：

> 春分、清明，夏三月中氣，小滿、夏至、大暑，秋三月中氣，處暑、秋分、霜降，冬三月中氣，小雪、冬至、大寒。閏無中氣，斗指兩辰之閒。萬物春生夏長，秋收冬藏，天地之正，四時之極，不易之道，夏數得天，百王所同，其在商湯，用師于夏，除民之災，順天革命，改正朔，變服殊號，一文一質，示不相沿，以建丑之月為正，易民之視，若天時大變，亦一代之事，亦越我周王，致伐于商，改正異械，以垂三統，至於敬授民時，巡守祭享，猶自夏焉，是謂周月，以紀于政。[5]

上述引文，說明了二十四節氣，均含有氣候變化、物候特點和農作物生長情況等意義。在農業社會裡，農作時程都遵行二十四節氣，因而

4　〔魏〕王弼、〔晉〕韓康伯注、〔唐〕孔穎達正義：《周易正義‧繫辭下》，卷8，頁166。

5　〔晉〕孔晁：《逸周書》，《叢書集成新編》（臺北市：新文豐出版社，1985年），第110冊，頁140下。

大部分的農諺都環繞著二十四節氣而產生。例如、「立春落水透清明，一日落水一日晴。」意指立春之日如果下雨，天氣可能會陰晴不定。有時陰雨綿綿，有時晴空萬里，有時烏雲密布，時而山雨欲來，讓人捉摸不定，一直落到清明，才會真正的晴天。這就是從自然現象來領略，若就節慶的安排上來看，也完全配合著水稻生產的步驟。

《禮記・郊特牲》說：「地載萬物，天垂象，取財於地，取法於天，是以尊天而親地也，故教民美報焉。」[6]可以看出，天象是人文生活的根據，人類的社會生活秩序應該與天道自然的運行規律相輔相成，符合天地之道，人們才能安居樂業。《禮記・月令》是小戴《禮記》中之第六篇，內容分為「孟春之月」、「仲春之月」、「季春之月」、「孟夏之月」、「仲夏之月」、「季夏之月」、「孟秋之月」、「仲秋之月」、「季秋之月」、「孟冬之月」、「仲冬之月」、「季冬之月」共十二篇。根據太陽的運轉，天地的五行之氣，形成了四時，每時又分為三個月。四時各有氣候特徵，每個月又有各自的徵候。茲引《禮記・月令》中有關二十四節氣的敘述，如下：

> 孟春之月，日在營室，昏參中，旦尾中。……是月也，以立春。[7]
>
> 仲春之月，日在奎，昏弧中，旦建星中。……始雨水，桃始華，……是月也，日夜分。……雷乃發聲，始電，蟄蟲咸動。……[8]
>
> 季春之月，日在胃，昏七星中，旦牽牛中。……[9]

6　〔漢〕鄭玄注、〔唐〕孔穎達疏：《禮記正義・郊特牲》，卷25，頁489。

7　〔漢〕鄭玄注、〔唐〕孔穎達疏：《禮記正義・月令》，卷14，頁279。

8　〔漢〕鄭玄注、〔唐〕孔穎達疏：《禮記正義・月令》，卷15，頁298-300。

9　〔漢〕鄭玄注、〔唐〕孔穎達疏：《禮記正義・月令》，卷15，頁302。

孟夏之月，日在畢，昏翼中，旦婺女中。……是月也，以立夏。[10]

仲夏之月，日在東井，昏亢中，旦危中。……小暑至，螳蜋生。[11]

季夏之月，日在柳，昏火中，旦奎中。……是月也，土潤溽暑。[12]

孟秋之月，日在翼，昏建星中，旦畢中。……涼風至，白露降，寒蟬鳴。……是月也，以立秋。[13]

仲秋之月，日在角，昏牽牛中，旦觜嶲中。……日夜分，則同度量。[14]

季秋之月，日在房，昏虛中，旦柳中。……是月也，霜始降，則百工休。[15]

孟冬之月，日在尾，昏危中，旦七星中。……是月也，以立冬。[16]

仲冬之月，日在斗，昏東壁中，旦軫中。……冰益壯，地始坼。[17]

季冬之月，日在婺女，昏婁中，旦氏中。……冰方盛，水澤腹

10 〔漢〕鄭玄注、〔唐〕孔穎達疏：《禮記正義・月令》，卷15，頁307。
11 〔漢〕鄭玄注、〔唐〕孔穎達疏：《禮記正義・月令》，卷16，頁315。
12 〔漢〕鄭玄注、〔唐〕孔穎達疏：《禮記正義・月令》，卷16，頁318-320。
13 〔漢〕鄭玄注、〔唐〕孔穎達疏：《禮記正義・月令》，卷16，頁322-323。
14 〔漢〕鄭玄注、〔唐〕孔穎達疏：《禮記正義・月令》，卷16，頁324-327。
15 〔漢〕鄭玄注、〔唐〕孔穎達疏：《禮記正義・月令》，卷17，頁337。
16 〔漢〕鄭玄注、〔唐〕孔穎達疏：《禮記正義・月令》，卷17，頁340-341。
17 〔漢〕鄭玄注、〔唐〕孔穎達疏：《禮記正義・月令》，卷17，頁344。

堅。[18]

上述引文，說明中國先民根據天象的變化，他們將一年劃分為春、夏、秋、冬四個季節，每個季節包括三個月，並將每個月命名為孟春、仲春、季春；孟夏、仲夏、季夏；孟秋、仲秋、季秋；孟冬、仲冬、季冬。中國傳統的二十四節氣，均含有氣候變化、物候特點和農作物生長情況等意義：即立春、雨水、驚蟄、春分、清明、穀雨、立夏、小滿、芒種、夏至、小暑、大暑、立秋、處暑、白露、秋分、寒露、霜降、立冬、小雪、大雪、冬至、小寒、大寒。以上依次順數，逢單的為節氣，簡稱為「節」；逢雙的為中氣，簡稱為「氣」，合起來就叫「節氣」。[19]《禮記・月令》全文關於地上動植物及風雨寒暑逐月變化之象，均有詳實的記載。在此基礎上又按物候變化創設了二十四節氣，這樣就便利一年的農事安排。耕作不能違反歲時，這是中國世代農民極其寶貴的實踐經驗的總結。

三 臺灣客家節氣諺語的類別

(一) 諺語的意涵

我國古代典籍對於對諺語的界說，不勝枚舉，茲簡述如下：

《說文解字》云：諺，傳言也。[20]語，論也。[21]論，議也。[22]

---

18 〔漢〕鄭玄注、〔唐〕孔穎達疏：《禮記正義・月令》，卷17，頁346-347。
19 李永匡、王熹著：《中國節令史》，《中國文化史叢書》（臺北市：文津出版社，1995年）第31冊，頁2-3。
20 〔漢〕許慎：《說文解字》（臺北市：黎明文化事業公司，1990年8月），頁95。
21 〔漢〕許慎：《說文解字》，頁90。

《古謠諺》云：諺字，從言彥聲。……，蓋本係彥士之文言，
故又能傳世之常言。諺訓傳言，言者直言之謂，直言及徑言，
徑言及捷言也。[23]

《文心雕龍‧書記》：「夫文辭鄙俚，莫過於諺，而聖賢《詩》
《書》，采以為談，況踰於此，豈可忽哉！」[24]

綜上所述，可知諺語是前人用來表達自己志向的文體，前人經驗的累
積，也是前人智慧的表現，而且寓意深遠，不華麗雕琢是質樸的語言
模式。

　　客話諺語與客家生活息息相關，內涵非常豐富，充分展現出客家
人的歷史文化、社會習慣、思想觀念、人生哲學、處世態度等，如果
能讓後代客家子孫，透過對客話諺語的認識，藉由生動有趣的內容，
而更進一步的去了解客家族群，相信對於客家語言及文化的傳承，是
居功厥偉的。朱介凡（1912-2011）在《中國諺語志》說：「在我的
謠、諺比較研究上，不僅客家歌謠令人激賞，客家諺語的比興、義
理、辭句之佳美，也是很獨特超絕的。這自與客家人的歷史傳統、文
化素養、生活環境、社群性格大有關係。客家人之勤儉樸質，不在這
浮華世界裡隨波逐流，屹然不移的定力，勇於開拓進取的精神，皆是
今日社會極難能可貴的典型。」[25]足證客家諺語因為客家族群的生活
而存在，客家族群的生活也使客家諺語更為充實。

22　〔漢〕許慎：《說文解字》，頁92。

23　〔清〕杜文瀾：《古謠諺》（臺北市：新文豐出版公司，1986年9月），頁4。

24　〔南朝梁〕劉勰：《文心雕龍》（臺北市：學海出版社，1988年），頁256。

25　朱介凡：〈為客家研究催生〉，《臺灣新生報副刊》，1970年1月12日；後收入氏著
　　《文史論叢》（臺北市：黎明文化事業公司，1981年），頁295-297。

（二）臺灣客家節氣諺語的分類

人們為了便於記憶二十四節氣的順序，把二十四節氣中每節氣的順序各取一個字編成了下列的歌訣：「春雨驚春清穀天，夏滿芒夏暑相連，秋處露秋寒霜降，冬雪雪冬小大寒。每月兩節日期定，至多不差一兩日，上半年是六廿一，下半年是八廿三。」[26] 可見二十四節氣成了古人甚至現代人農事及日常活動的重要依據，在農業社會裡，農作時程都遵行二十四節氣，因而大部分的農諺都環繞著二十四節氣而產生。茲依二十四節氣的順序，各舉一諺語，分述如下：

1 春天節氣諺語

自古以來帝王都親臨祀春大典，在古代農業社會時，立春是一個非常重要的日子，因為從這一天開始，冰雪開始解凍，風向開始轉變為東風，整個大地漸漸甦醒，而在立春時節中也是計畫整年農事的開始。

（1）立春

立是開始的意思，立春就是春季的開始。

> 立春天氣晴，百物好收成。

「立春落水到清明，一日落水一日晴。」農曆立春，春寒料峭，天氣陰晴不定，有時陰雨綿綿，有時晴空萬里，讓人捉摸不定。「立春」時下雨，有時雨水會一直下到清明，農作不愁無水灌溉，這就是自然的現象。而在立春時節中，農民也著手開始籌畫努力事春耕的步

---

26 維基百科，節氣（https://zh.m.wikipedia.org/zh-tw/%E8%8A%82%E6%B0%94）。

驟。「立春」是二十四節氣之首,「立」代表開始,「春」就是動。寒冷的冬天即將結束,生命即將萌芽,大地萬物浮現生機,冷的冬天即將結束,生命即將萌芽,大地萬物浮現生機,春天降臨大地。立春若遇晴朗天氣,便是這一年風調雨順、五穀豐收的好預兆。《禮記·月令》記載:「是月也,以立春。……天氣下降,地氣上騰,天地和同,草木萌動,王命布農事。」[27]可見從周代開始,官方就有重大的祀春儀式,皇帝會在這天鼓勵農民生產。我國自古以農立國,春天的天氣回暖,適合春耕,因此「立春」對於農業有著極大的意義。

(2)雨水

降雨開始,雨量漸增。

　　雨水落了雨,陰陰沉沉到穀雨。

「雨水落了雨」的雨字,關係到整個春季的氣候變化。穀雨是春季的最後一個節氣,也就是說,從「雨水」開始到「穀雨」,都是處在一個陰沉的狀態。《月令七十二候集解》:「正月中,天一生水。春始屬木,然生木者必水也,故立春後繼之雨水。」[28]雨水季節,天氣變化不定,是全年寒潮出現最多的時節之一,忽冷忽熱,乍暖還寒的天氣對秧苗的危害很大。「冷雨水,暖驚蟄;暖雨水,冷驚蟄」,這是農民耕種生活經年累月的經驗談,直接驗證以後的天氣情況。如果雨水這天天氣暖和,那麼驚蟄的時候天氣就會冷,春分的時候就會暖和,農民對節氣所應證的諺語,是文化的瑰寶,都有助於農民們為農耕上早做準備。《禮記·月令》記載:「仲春之月……始雨水,桃始

---

27 〔漢〕鄭玄注、〔唐〕孔穎達疏:《禮記正義·月令》,卷14,頁279。
28 〔元〕吳澄:《月令七十二候集解》,收於《叢書集成新編》第43冊,頁313。

華，倉庚鳴，鷹化為鳩。」[29]這個月開始下雨，桃樹開始開花，黃鸝開始鳴叫，老鷹變成了布穀鳥。從此，大地漸漸開始呈現出一派欣欣向榮的景象。

（3）驚蟄

天氣轉暖，春雷震響，冬眠動物驚醒，多半地區進入春耕。

　　到了驚蟄節，鋤不停歇。

每年三月五、六日是驚蟄，「驚蟄」是一個生氣勃勃、具有聲光效果的節氣。在每年農曆十月過後，北方冷氣團逐漸下移，閃電雷雨現象減少，漸漸進入隆冬，所有的生物和昆蟲進入冬眠稱之為「蟄」。驚蟄時節，春氣萌動，大自然充滿活力，生機盎然。《禮記・月令》記載：「是月也，日夜分。雷乃發聲，始電，蟄蟲咸動，啟戶始出。」[30]這個月，日夜平分，開始打雷，閃電。蟄伏的動物都動了起來，開始鑽出洞穴，回到地面。驚蟄節氣的標誌性特徵是春雷乍動、萬物生機盎然，春耕開始，當然也是植樹造林綠化山河的好時機。農諺：「到了驚蟄節，鋤頭不停歇」，說明驚蟄節氣已經到了農忙的時候。一年之計在於春，就是前人們根據這個季節的物候規律，對農忙活動的經驗總結，要及時努力事春耕，才能促進夏糧的豐產豐收。

（4）春分

分是平分的意思。春分表示晝夜平分。

29　引自〔漢〕鄭玄注、〔唐〕孔穎達疏：《禮記正義・月令》，卷15，頁298。
30　引自〔漢〕鄭玄注、〔唐〕孔穎達疏：《禮記正義・月令》，卷15，頁300。

　　春分前犁好田，春分後種瓜豆。

　　《月令七十二候集解》云：「二月中，分者半也，此當九十日之半，故謂之分。秋同義。」[31]春分，古時又稱為「日中」、「日夜分」，在每年的三月二十日或二十一日。節到「春分」，日夜平分。在我國傳統的農諺，認為春分是春季的中分點，因此叫作春分，從春分開始，白天和夜晚的時間是一樣長短。一場春雨一場暖，春分過後好種田。農村農諺說，每一場春雨過後，天氣一天比一天暖和，溫度提升，適宜各種農作物下種。春分下雨將會風調雨順，五穀豐登，如果春分無雨土地將會非常乾旱。《禮記‧月令》記載：「是月也，生氣方盛，陽氣發泄，句者畢出，萌者盡達。」[32]這個月，生氣正旺盛，陽氣在發散，拳曲的芽都長了出來，直立的芽也都破土而出，道盡了春分時節萬物復甦的欣榮景象。農諺：「春分前犁好田，春分後種瓜豆。」說明春分前要將需要種的田提前耕好，需要種哪些農作物也要提前規劃好，春分過後開始種瓜種豆。

（5）清明

　　雨水增加，草木繁茂。

　　清明前，好蒔田；清明後，好種豆。

　　清明節，這是中華民族的傳統節日，也是全家前往郊外祭掃祖墳，發揚慎終追遠傳統美德的日子。「清明」是二十四節氣之一，清明期間，溫度適宜，百花齊放，正是踏青遊玩的好時節，清明時節雨

31　〔元〕吳澄：《月令七十二候集解》，《叢書集成新編》第43冊，頁313。
32　〔漢〕鄭玄注、〔唐〕孔穎達疏：《禮記正義‧月令》，卷15，頁303。

紛紛，表示清明也是雨水開始增多的時候。《月令七十二候集解》
云：「三月節……物至此時，皆以潔齊而清明矣。」[33]先民常將清明節
視為插秧、種豆的分水嶺。「清明前，好蒔田；清明後，好種豆。」
說明清明節前，春風解凍，雨水充足，是種田的好時機；清明節後，
大地滋潤，天清氣朗，就可以種植豆類。清明一到，春暖花開，天氣
清朗，四野明淨，大自然處處顯示出蓬勃生機正是春耕春種的大好時
節，因此便以「清明」為節名。可見農民順應天時，才能使農作物欣
欣向榮。

（6）穀雨

雨生百穀。雨量充足而及時，穀類作物能茁壯成長。

穀雨早栽秧，節氣正相當。

「穀雨」，是二十四節氣中的第六個節氣，也是春季最後一個節
氣。《月令七十二候集解》云：「三月中，自雨水後，土膏脈動，今又
雨其穀于水也。雨讀作去聲，如雨我公田之雨。蓋穀以此時播種，自
上而下也。」[34]這一時期正是穀類農作物茁壯生長的時候，適當的雨
水，對農作物的生長是有幫助的，所以古人有「雨生百穀」的說法。
此時已到春季末尾，氣溫回升加快，雨水較多。「穀雨栽早秧，節氣
正相當」，也就是在穀雨後，就提醒人們應該著手準備種植水稻了。
穀雨是春季的最後一個節氣，換句話說是寒潮天氣基本結束，天氣溫
度回升至有利於農作物的生長溫度。農民們要著手準備選種育苗，及
時播種的時間了。

---

33 〔元〕吳澄：《月令七十二候集解》，《叢書集成新編》第43冊，頁313。
34 〔元〕吳澄：《月令七十二候集解》，《叢書集成新編》第43冊，頁313。

2　夏天節氣諺語

（1）立夏

夏季的開始。

立夏起東風，禾苗收成豐。

「立夏」是二十四節氣之一，代表著春夏季節的轉換，氣溫回升，是農作物進入旺盛生長的季節。《禮記‧月令》記載：「是月也，以立夏。……天子勞農勸民，毋或失時。」[35]這個月，天子鼓勵農民，不要耽誤農時。「立夏起東風，禾苗收成豐。」如果立夏這天東風吹起，預示著風雨相宜，風調雨順，今秋的農作物會有不錯的收成，這是農人最希望見到的東風，「好風憑藉力、送我上青雲」就是這個道理。「立夏」是指春天過去，夏季接著來臨，也是說明春天播種的作物到了立夏，已直立長大的意思，古人認為天地陰陽主宰萬物，「天不發陰萬物不生，地不發陽萬物不長」，「立夏」正是陽氣已盛，農作物蓬勃生長的時期。

（2）小滿

麥類等夏熟作物籽粒開始飽滿。

立夏小滿，盆滿缽滿。

《月令七十二候集解》云：「四月中，小滿者，物致於此小得盈

35　〔漢〕鄭玄注、〔唐〕孔穎達疏：《禮記正義‧月令》，卷15，頁307。

滿。」[36]小滿是夏季的第二個季節，該季節是收穫的前奏，農作物漸憑藉溫暖的氣候而生長；滿指飽滿，麥類等夏熟作物逐漸飽滿，收穫滿滿。「立夏小滿，盆滿缽滿。」不管是我們的農業還是我們的工作，都需要我們辛勤勞作，埋頭耕耘才會在收穫的季節盆滿缽滿，體驗收穫的忙碌與滿足。「小滿梅雨在本島，種植花木皆成寶。」在每年的五月二十一日或二十二日，這時候氣溫會升高，日照也會變長，農作物的灌溉就變成最重要的問題，臺灣海洋性氣候會帶來豐沛的雷震雨和梅雨，會適時灌溉農作物，也可以調節氣溫，讓植物的生長更快速。

（3）芒種

麥類等有芒作物成熟。

芒種、夏至，有好食就懶蒔。

二十四節氣中，有兩個相連的節氣叫做「芒種」、「夏至」。《月令七十二候集解》云：「五月節，謂有芒之種穀可稼種矣。」[37]「芒種」，在陽曆六月六日，正是黃梅時節，時而開始吹南風，人因此會特別懶散。「芒種、夏至，有好食我就懶蒔」，意旨是「芒種」、「夏至」時，精神懶洋洋的，只要還有得吃，我就懶得下田囉！的確，天氣已熱，令人昏昏沈沈，有句諺語：「有好食，就懶去」，可見芒種時節天氣炎熱，消耗體力多，人們就懶得活動，即使美食當前，也不為所動。「芒種」日過後，夏天悶濕炎熱的梅雨天就要來臨了。

---

36 〔元〕吳澄：《月令七十二候集解》，《叢書集成新編》第43冊，頁314。
37 〔元〕吳澄：《月令七十二候集解》，《叢書集成新編》第43冊，頁314。

（4）夏至

炎熱的夏天來臨。

夏至，種籽齊去。

《月令七十二候集解》云：「五月中，夏，假也，至，極也，萬物於此皆假大而至極也。」[38]「夏至」是二十四節氣中最早被確定的四個節氣之一，「至」也有極點的意思。夏至在每一年的六月二十一日或二十二日，是北半球一年中「白日最長、黑夜最短」的一天。在北回歸線及其以北地區，正午太陽高度亦日漸降低，日影逐漸被拉長。但由於太陽輻射到地面的能量仍比地面向空中發散的多，所以在短時間內氣溫繼續升高。「夏至，種籽齊去。」其諺語的意思是：在夏至這個時節，臺灣中南部第二期農作物的種籽已經全部播種下土了。

（5）小暑

暑是炎熱的意思。小暑就是氣候開始炎熱。

六月天公，家神牌都會停動。

《月令七十二候集解》云：「六月節，暑，熱也，就熱之中分為大小，月初為小，月中為大，今則熱氣猶小也。」[39]在炎熱的六月天，是農家忙碌的時刻。「六月天公，家神牌都會停動。」意旨「小暑」的時節，農家忙著收割、打穗、曬穀等一連串的工作，婦女們忙著準備點心，全家總動員，裡裡外外，忙得不可開交，神桌上的祖先

---

38 〔元〕吳澄：《月令七十二候集解》，《叢書集成新編》第43冊，頁314。
39 〔元〕吳澄：《月令七十二候集解》，《叢書集成新編》第43冊，頁314。

都不忍袖手旁觀，想下神桌來幫忙。烈日下，「鋤禾日當午，汗滴禾下土；誰知盤中飧，粒粒皆辛苦。」飽滿的稻穗捧在主人掌中，從終年辛苦的農民朋友臉上露出的微笑，透露今年又豐收了。

（6）大暑

天氣悶熱。

大暑不澆苗，到老無好稻。

大暑是二十四個節氣中的第十二個節氣，每年陽曆七月二十三日左右。《月令七十二候集解》云：「六月中，……，暑，熱也，就熱之中分為大小，月初為小，月中為大，今則熱氣猶大也。」[40]「大暑」是一年中最熱的節氣，「大暑」與「小暑」一樣，都是反映夏季炎熱程度的節令，「大暑」表示炎熱至極。大暑正值「中伏」前後，全國大部分地區進入一年中最熱時期，也是喜溫作物生長最快的時期，「大暑不澆苗，到老無好稻」，說明大暑時節，中晚稻多處於幼穗形成期和拔節期前後，是需水需肥的重要時刻和防止倒伏的重要時期，此時稻田要頻繁澆水，做到乾濕交替、濕潤灌溉，否則到成熟時不會有好的收成。

3 秋天節氣諺語

（1）立秋

開始秋天，氣溫漸降。

---

40 〔元〕吳澄：《月令七十二候集解》，《叢書集成新編》第43冊，頁314。

秋淋夜雨肥過糞。

《月令七十二候集解》云：「七月節，立字解見春（立春）。秋，揫也，物於此而揫斂也。」[41]是秋季的第一日。與立夏一樣，「立秋」就是夏去秋續，見到了秋季的意思。交秋之後，應該是七月秋風漸漸涼的時候，然而在北臺灣的立秋仍是酷熱難耐的大熱天。「秋霖夜雨，肥過屎」[42]，是說明在立秋過後天氣仍熱，夜晚下雨對稻子幫助很大，生長快速，勝過施肥。二十四節氣是農業社會農民生活的進度表，一年四季一切耕稼，必須依據節氣運作，才有好收成。

（2）處暑

處，終止，炎熱天氣結束，象徵氣候變涼。

處暑響雷公，十只米房九只空。

《月令七十二候集解》云：「七月中，處，止也，暑氣至此而止矣。」[43]「處」有「退」或「止」的意思，「處暑」也就是有暑氣到此時開始退去，炎熱的天氣到此為止的意思。其實，在北臺灣所謂「秋老虎」指的是立秋到處暑這段時間，還有末伏十天的炎熱；到處暑後才會轉為秋涼，夏天也要正式結束了。處暑期間正是颱風頻繁生成的季節，俗諺云：「六月颱，七月風颱母」、「不怕七月半鬼、只怕七月半水」，都足以顯見秋颱威力驚人。「處暑落水又起風，十個柑園九個

41　〔元〕吳澄：《月令七十二候集解》，《叢書集成新編》第43冊，頁314。
42　朱介凡編著：《中華諺語志》（臺北市：臺灣商務印書館，1989年8月1日）第7冊，頁3291。
43　〔元〕吳澄：《月令七十二候集解》，《叢書集成新編》第43冊，頁314。

空。」、「處暑響雷公，十只米房九只空。」都是要農民必須注意天氣預報，注意農作物的採收。有時颱風一來，農民的心血全都泡湯，所以隨時做好防颱準備，避免颱風造成更多的災害。

（3）白露

天氣轉涼，露凝而白。

禾田曬白露，霜降降禾黃。

「白露」，指的是天氣漸漸轉涼後，清晨時分在葉子上凝結的珠狀的露水。《禮記·月令》記載：「孟秋之月，……涼風至，白露降，寒蟬鳴。」[44]孟秋七月，這個月，涼風開始吹，露水開始降落，寒蟬開始鳴叫。《月令七十二候集解》云：「八月節……陰氣漸重，露凝而白也。」[45]描述身處的世界正在發生的事情，好比驚醒動物的「驚蟄」，白露結成霜是「寒露」。此時是由炎夏進入涼秋的季節，地面的水蒸氣，因為天候轉涼，附著在不易散熱的物體上，凝結成露水。所以農諺說：「禾田曬白露，霜降降禾黃。」說明第二期稻在白露前須曬田，禾苗才長得壯大，至霜降收成時，才可以獲得金黃的穀穗。

（4）秋分

晝夜平分。

秋分天氣白雲多，處處歡聲歌好禾，只怕此日雷電閃，冬來米價貴如何。

---

44 〔漢〕鄭玄注、〔唐〕孔穎達疏：《禮記正義·月令》，卷16，頁322-323。
45 〔元〕吳澄：《月令七十二候集解》，《叢書集成新編》第43冊，頁314。

　　《禮記・月令》記載:「是月也,日夜分,雷始收聲。蟄蟲壞戶,殺氣浸盛,陽氣日衰,水始涸。」[46]這個月,白天黑夜一樣長,開始停止打雷,蟄伏越冬的動物開始在洞口培土,陰氣逐漸旺盛,陽氣日趨衰退,河水開始乾涸。《月令七十二候集解》云:「分者平也,此當九十日之半,故謂之分。」[47]白天越來越短,夜晚慢慢加長,天氣也會越來越涼,寒涼使水氣逐漸乾涸,空氣比較乾燥。節氣俗諺不只記錄了古人對於該時節的生活習慣,他們也逐漸觀察出節氣當日的天氣。可能會影響日後氣候。所以農諺說:「秋分天氣白雲多,處處歡聲歌好禾,只怕此日雷電閃,冬來米價貴如何。」「秋分」當天如果是晴天,那麼接下來就是豐收的日子;反之,如果是雷雨天,稻作物便會歉收,進而影響到米價上漲。

(5) 寒露

　　天氣轉涼,露水變寒,將要結冰。

> 　　禾怕寒露風,人怕老來窮。

　　《月令七十二候集解》云:「九月節,露氣寒冷,將凝結也。」[48]「寒露」是冬天的「冷氣」,秋涼而凝成白露,秋冷而凝成寒露。所以農諺說:「禾怕寒露風,人怕老來窮。」稻子怕「寒露」的到來,將會嚴重影響到水稻的產量,因為在寒露時,北方的冷空氣逐漸增強,氣溫下降的速度會特別快,會影響稻子的成長。在寒露節氣到來之時,農戶要繼續加強田間管理,做到淺水勤灌,乾乾濕濕,以濕為

46　〔漢〕鄭玄注、〔唐〕孔穎達疏:《禮記正義・月令》,卷16,頁326。
47　〔元〕吳澄:《月令七十二候集解》,《叢書集成新編》第43冊,頁314。
48　〔元〕吳澄:《月令七十二候集解》,《叢書集成新編》第43冊,頁315。

主，切忌後期斷水過早，做好「寒露」風的預防，促進晚稻豐產豐收。而人怕年老時窮苦困頓，所以在年輕時要努力奮鬥，認真工作，多賺一點錢。以身作則教育好子女，不要揮霍金錢，累積財富，這樣當我們年老了才不會落難受苦。

（6）霜降

天氣漸冷，開始有霜凍。

> 霜降見霜，米穀滿倉。

《禮記・月令》記載：「是月也，霜始降，則百工休。乃命有司曰：寒氣總至，民力不堪，其皆入室。」[49]這個月，開始下霜，各種工匠都停工休息。命令有關官員說：寒氣將突然來到，百姓受不住寒冷，讓他們都從野外的廬舍中搬回家裡。《月令七十二候集解》云：「九月中，氣肅而凝，露結為霜矣。」[50]「霜降」節氣含有天氣漸冷、初霜出現的意思，是秋季的最後一個節氣，也意味著冬天的開始，「霜降」時節，養生保健尤為重要，民間有諺語：「霜降見霜，米穀滿倉」的說法。因此人們相信，如果霜降這天下霜，來年就會有個好收成。因為從霜降那天開始，天氣就開始變冷，並且早晨會有凝霜，在農村經過霜打過的土地，會變得非常鬆軟，適合種植農作物，因此就有：「霜降不打霜，來年必有荒」的說法。

---

49 〔漢〕鄭玄注、〔唐〕孔穎達疏：《禮記正義・月令》，卷17，頁337。
50 〔元〕吳澄：《月令七十二候集解》，《叢書集成新編》第43冊，頁315。

4　冬天節氣諺語

（1）立冬

開始冬季，一年的田間工作結束，作物收割後要收藏起來。

> 立冬晴，一冬晴；立冬雨，一冬雨。

《月令七十二候集解》云：「十月節，立字解見春（立春）。冬，終也，萬物收藏也。」[51]是冬季的第一天，與立秋一樣，「立冬」就是秋去冬續，見到了冬天的意思。《禮記‧月令》記載：「是月也，以立冬。……天地不通，閉塞而成冬。」[52]立冬開始，萬物失去生機，天地閉塞而轉入嚴寒的冬天。在農村有許多關於立冬的俗語，農諺說：「立冬晴，一冬晴；立冬雨，一冬雨」，大部分的地方都有這個說法。如果立冬的時候下雨，那麼整個冬天雨水都會比較多，而如果「立冬」的時候是晴天的話，那麼整個冬天都會是晴天。此種說法對農民種地跟養殖業都會受到很大影響力。可見「立冬」這天的天氣對農村老百姓非常重要，也是農民們經年累月觀察的結果。

（2）小雪

氣溫下降，開始下雪。

> 小雪雪滿天，來歲必豐登。

51　〔元〕吳澄：《月令七十二候集解》，《叢書集成新編》第43冊，頁315。
52　〔漢〕鄭玄注、〔唐〕孔穎達疏：《禮記正義‧月令》，卷17，頁341。

　　《禮記‧月令》記載：「孟冬之月，……水始冰，地始凍。」[53]孟
冬十月，水開始結冰，地開始上凍。《月令七十二候集解》云：「十月
中，雨下而為寒氣所薄，故凝而為雪。小者未盛之辭。」[54]每年十一
月二十二日或二十三日，「小雪」節氣到來時，天氣會一天比一天變
冷，下雨變為下雪，但下雪量都不大，所以農俗上稱之為「小雪」。
農諺說：「小雪雪滿天，來歲必豐登」就是說這天如果「滿天飛雪」，
那麼就預兆著冬季作物生長條件良好、明年一定會是個高產量的豐收
年。這句話的意涵和「瑞雪兆豐年」有異曲同工之妙。「小雪」可以
降低氣候溫度，有滅殺病菌害蟲的作用，從而為下一年田間農作物的
豐收打下良好的環境基礎。

（3）大雪

　　降雪增多。

　　　　大雪唔凍，驚蟄唔開。

　　《禮記‧月令》記載：「仲冬之月，……冰益壯，地始坼。」[55]仲
冬十一月，冰結得更厚，地開始被凍裂。《月令七十二候集解》云：
「十一月節，大者盛也，至此而雪盛也。」[56]「大雪」是二十四節氣
中的第二十一個節氣，是進入冬季後的第三個節氣。「大雪」的到
來，預示著天氣的溫度將會更低；在臺灣雖不下雪，但仍然是較冷的
一個時段。農諺說：「大雪唔凍，驚蟄唔開。」說明了「大雪」時

53　〔漢〕鄭玄注、〔唐〕孔穎達疏：《禮記正義‧月令》，卷17，頁340-341。
54　〔元〕吳澄：《月令七十二候集解》，《叢書集成新編》第43冊，頁315。
55　〔漢〕鄭玄注、〔唐〕孔穎達疏：《禮記正義‧月令》，卷17，頁344。
56　〔元〕吳澄：《月令七十二候集解》，《叢書集成新編》第43冊，頁315。

節，土地還沒有封凍的話，那麼到了來年的驚蟄，土地也不會解凍。
這可不是一個好現象，因為驚蟄一到農民就開始勞作了，要是驚蟄的
時候土地還是凍著的，那農民就沒有辦法種地了，所以農民看到大雪
的時候都會感到非常著急。農戶們都希望正如諺語「瑞雪兆豐年」，
來年是一個好年。很多節氣諺語總結了許多生產經驗，憑藉天氣就能
判斷是否會豐收。

（4）冬至

黑夜最長，進入寒冷。

冬至大於年，雞子大於天。

《禮記‧月令》記載：「是月也，日短至。陰陽爭，諸生蕩。」[57]
這天，白天最短，陰氣雖盛，陽氣也開始產生，因為從「冬至」這天
開始，太陽從北回歸線開始往赤道移動，天氣慢慢轉暖，陽氣開始回
升，因此古時候有「冬至一陽生」的講法。農諺說：「冬至大於年，
雞子大於天。」「冬至」也意味著年關將近，漂泊在外的人開始逐漸
返鄉，準備回家過年。由於「冬至」是二十四節氣中北半球白天最
短，黑夜最長的一天。陰陽交替之時，吃下湯圓也有「取圓以達陽
氣」的意義，意指用「圓」迎接陽氣，代表吉祥。而且家人會團聚一
起吃湯圓，祭拜祖先，所以有「冬至」大於年的講法。「雞子大於
天」，雞子是指小雞，在母雞的翼護之下，雖然弱不禁風，尚未成熟
肥美，但生命價值比天還大，千萬不可以輕易忽視，甚至殘害拋棄，
有尊重生命，愛護自然的表現。[58]

---

57 〔漢〕鄭玄注、〔唐〕孔穎達疏：《禮記正義‧月令》，卷17，頁346。
58 何石松：《客諺一百首》（臺北市：五南圖書出版公司，2001年），頁127。

（5）小寒

氣候開始寒冷。

　　大寒小寒，滴水成團。

　　《禮記‧月令》：「是月也……冰方盛，水澤腹堅。」[59]這個月冰正厚，無論是流動的水還是不流動的水，都結成了厚實的冰。《月令七十二候集解》云：「十二月節，月初寒尚小，故云。月半則大矣。」[60]「小寒」就是嚴寒的開始，在臺灣民間有句諺語：「小寒大寒，冷成冰團。」說明水雖然尚未結冰，但一撥動它或捧起來冰即生成。「小寒」表示寒冷的程度，從字面上理解，「大寒」冷於「小寒」，但在氣象記錄中，許多地方「小寒」卻比「大寒」冷，可以說是全年二十四節氣中最冷的節氣。最冷的季節就在「小寒」以後一個月內。[61]

（6）大寒

冷到極點，大寒前後是一年最寒冷時後。

　　大寒不寒，人畜不安。

　　《月令七十二候集解》云：「十二月節，月初寒尚小，故云。月

59　〔漢〕鄭玄注、〔唐〕孔穎達疏：《禮記正義‧月令》，卷17，頁347。

60　〔元〕吳澄：《月令七十二候集解》，《叢書集成新編》第43冊，頁315。

61　熊姿婷：《臺灣客家節氣諺語及其文化意涵研究》（雲林縣：雲林科技大學漢學資料整理研究所碩士論文，2006年），頁88。

半則大矣。」[62]「大寒」是冬季最後一個節氣，也是一年中最後一個節氣，每年一月二十或二十一日。這時是許多地方一年中的最冷時期，呈現出天寒地凍的嚴寒景象。在臺灣這時候大陸冷氣團的來襲，東北季風強勁，寒風刺骨，是一年之中最冷的時段。農諺說：「大寒不寒，人畜不安。」含義是說，「大寒」作為一年中最冷的一段時期，如果氣溫反常嚴重的話，表示今冬氣候出現了異常，自然會對農業以及牲畜產生影響。俗話說：「大寒小寒又一年。」意思是說「大寒」過後，全年將盡，接下來就是新春大年。而民間的一句話：「節令不饒人」更是人們在生活實踐中總結出來的精煉語言。

四　臺灣客家節氣諺語的傳統文化蘊涵

展閱古籍，可知從先秦時期開始，古代農民就逐步認識到農業生產的每一個環節都必須掌握農時，以便創造有利於農作物生長的環境。因此，人們在長期的生產實踐中樹立了季節的觀念，學習到物候的知識，並根據日地關係創制了曆法和二十四節氣。客家人承繼儒家的人文傳統。在長期遷徙中，把中原漢族的宗法觀念，宗族傳統帶到他們的顛沛生活中。再把這種報本追遠的古老傳統轉化為具有活生生的客話成語中。[63]客家諺語中所描述的季節和農事、月份和氣候之間的關係，是客家人代代相傳的智慧結晶，至今仍具有重要的文化價值。茲臚列臺灣客家節氣諺語的傳統文化蘊涵，如下：

62　〔元〕吳澄：《月令七十二候集解》，《叢書集成新編》第43冊，頁315。

63　湯天賜，許素娥訪談記錄與整理：〈關於客家人的信仰〉（苗栗縣：公館鄉），2007年11月19日。

（一）儒家天人合一思想的體現

　　臺灣客家傳統節慶的拜天公與拜伯公是「天人合一」的具體體現，除了體現人與自然協調外，更主要的是「天人合德」──這是「觀天道以應人道與天合德」[64]正如《周易・乾卦・文言》所說：「與天地合其德，與日月合其明，與四時合其序，與鬼神合其吉凶。」[65]孔子所說的這一段話，最足以說明人和天地鬼神的關係，這種天人感應的天命觀，一直影響中華數千年的歷史文化，更牽引著歷代人們的價值取向與人生態度。展閱歷史的長卷，可知中華民族傳統的信仰禮俗源遠流長，敬天信神，感恩知報，與儒家道德文化一脈相承。每逢年節，婚、嫁、喪葬等祭典，客家族群也都會祭拜天地、神佛與祖先，表達對神明的感恩之情。以清明粄為例，客家民諺云：「清明節，百草好做藥」，每逢清明節前夕，家家戶戶都要從野外採集各種供食用的艾草，用來制作清明粄。可見客家傳統飲食知識中的飲食習慣的季節性和「冷熱」的分類所呈現的「天人合一」思想。臺灣客家人奉行儒家所推動的禮俗教育，希望通過祭拜天地和神明等各種儀典，寄託美好的願望以滿足心理的需求，期許人們要效法天道的剛健運行與自強不息，像大地那樣以廣闊深厚的胸懷，承載萬物與包容天下。

（二）客家耕讀文化的彰顯

　　「晴耕雨讀」、「亦耕亦讀」是客家人祖訓。「晴耕雨讀」是客家先民在艱困貧瘠的土地中，為求生存，教育子弟在晴天時要耕田，才

---

64 宋德劍：〈天人合一的天人觀──儒家生態文明的視野下的客家文化〉，《第五屆儒學國際學術研討會論文集》（臺北市：臺灣學生書局，2011年）。

65 〔魏〕王弼、〔晉〕韓康伯、〔唐〕孔穎達疏：《周易正義》（臺北市：藝文印書館，1998年），卷1，頁17。

能賺取學費，分攤家計。而遇到雨天無法下田時，就要善用時間讀書求得知識、提高競爭力。這種善用時間、自立自強的觀念，正是現代「終身學習」、「知識經濟」的實踐。[66]客家人具有比較重視教育的族群特質，傳統的理想生活境界是「晴耕雨讀」、「孝友傳家」，客家人的傳統觀念，認為讀書才能識理、明志，才能有出息。尤其到了近代，客家人所在地區人口膨脹，山多田少，生產力落後，經濟不發達，人們為了擺脫貧困，大量往外地和海外謀生，文化知識成為他們謀生的主要手段。他們認為耕田、做工，只是「賣死力」。有許多客家諺語就表達了這種意義，如「有子不讀書，不如養大豬」、「不讀書有眼無珠」等。[67]客家人珍惜文字，尊重有知識的讀書人，敬重文明，成了歷代相傳的古風。客家人是個遷徙的族群，由於長期生活在困苦的環境中，深知要改變現狀，最好的辦法就是讀書，求取功名以出人頭地。台灣客家人在戰後六十年來，能夠憑其對教育的重視，以較高的教育成就來改善其社經地位，即是最好的寫照。

（三）客家語言文化的傳承

德國哲學家萊布尼茲（Gootfried Wilhelm Leibniz, 1646-1716）說：「語言是人類文化活動的紀念碑」。語言是文化的載體，文化是族群團體自我認同的核心所在，透過語言，可以了解族群的文化，發現族群的生活智慧、態度、哲學……，因此要保存文化，語言的遺失，將是最大的障礙。客家人崇拜祖先，不忘祖先的心理，還可以從日常生活的一些現象中得到印證。客家祖先發源於中原，就是現在的河南及山東西部，河北、山西的南部，陝西東部，地居華廈之中；客家人因幾經戰亂，流離潘遷數萬里，歷經數朝代，所到之處聚族而居，始終

---

66 李志丰：〈綠色生活可以是──「晴耕雨讀」〉《台灣客家電子報》，2008年12月15日。
67 南山：〈論客家文化意識〉，《客家民俗》第3、4期（1986年）。

保留其原有語言、風俗習慣、未被當地人同化。客家人這種種生活習性，表現在語言裡，這類語句，包括客話成語、客家俗諺、師傅話等，一方面可以了解祖先的生活習性，一方面也是客家人的特色傳承。後代子孫或可領略到其中傳承文化、積極入世、可貫穿時空、化育民心、啟蒙教育、啟發智慧、通曉自然等功能。[68]根據歷史的記載，客家人不停的遷徙，造就了客家人艱苦、勤儉的生活習性。客家話，客家人稱為「祖公話」或「家鄉話」，每當祭祀祖先及宗親相聚時，禁止使用客家話以外的語言。客家人所謂「寧賣祖宗田，不忘祖宗言；寧賣祖宗坑，不忘祖宗聲。」的俗諺，也反映了客家人尊祖敬宗，長期保存傳統文化的心理。

五　結語

〈月令〉是小戴《禮記》中之一篇，全文以簡練的語言、清晰的思路、細緻的筆觸勾勒出一幅中華農耕民族，生活在天地間，一年十二個月的生活草圖。關於地上動植物及風雨寒暑逐月變化之現象，均有詳實的記載。每個月都有著明確的天象和物候，用以確定天時；每個月也有著明確的訓教和法令，用以宣揚天子政令。諸如仲春之月「始雨水。桃始華。倉庚鳴，鷹化為鳩。玄鳥至。雷乃發聲，始電」。可見《禮記‧月令》全文在於將天時和人事串連在一起，通過強調天地萬物以及自然更迭對於人類日常生活、社會政治的決定性影響，來提醒人們要順應自然、尊重自然的規律。

印度著名詩人泰戈爾（Rabindranath Tagore, 1861-1941）的一首詩：「生命是永恆不斷的創造，因為在它內部蘊含著過剩的精力，它不斷

---

68 林銘嬈：〈從帶有雞、猴的客家俗諺探觸客家人生活思想內涵〉，全球客家經貿平台，2007年8月12日。

流溢，越出時間和空間的界限，它不停地追求，以形形色色的自我表現的形式表現出來。」這首詩說明人類的歷史文明，是先民們以有恆不斷的毅力，堅定不移的心志，綿延民族命脈，為千年萬代的子孫開闢出美麗的家園。我們尋訪臺灣客家節氣諺語的蹊徑，不僅見到臺灣客家節氣諺語寓意深遠的哲理，更了解到傳統文化與先民的生活經驗相輔相成，缺一不可。客語因生活而存在，生活使客語更為充實，尤其是在民俗生活，極有意義的年節假日中，可以發現：客語與民族文化緊緊契合，一部人類的歷史，可說是客家語言史，隨時隨地都有客語的真跡，這無畏日炙雨淋的活化石，使客家文化散發其特有的光芒。[69]

　　追溯先民在臺灣開疆拓土的跫音，像輕叩窗櫺的細雨，不斷撥動著每個鄉親的心弦，他們用全部的生命，來耕耘家鄉這塊土地。一道感情的洪流，撞擊人們顫動的心扉，幻化成「人生有情淚霑臆」的生動故事與傳唱的歌謠；他們奮鬥努力的悲歡歲月，又像涓滴不停的細流，流入鄉親的心扉深處，讓思鄉思親的愁懷，凝結成感人肺腑的詩篇與生活經典的諺語。因此大家應心懷感恩的心，感謝祖先的庇佑，人人要知福、惜福，讓客家文化能夠永續發展，永遠傳承下去。

---

69 何石松：〈從客語詞彙看客家文化之內涵〉，《客家語言文字與教育研討會論文集》（臺北市：臺北市民政局，1999年）。

參考文獻

古籍
（依《四庫全書》分類法）

〔魏〕王弼、〔晉〕韓康伯、〔唐〕孔穎達疏：《周易正義》，臺北市：
　　　藝文印書館，1998年。

〔漢〕鄭玄注、〔唐〕孔穎達正義：《禮記正義》，臺北市：藝文印書
　　　館，1998年。

〔漢〕許慎：《說文解字》，臺北市：黎明文化事業公司，1990年。

〔晉〕孔晁：《逸周書》，《叢書集成新編》，臺北市：新文豐出版公
　　　司，1985年。

〔元〕吳澄：《月令七十二候集解》，《叢書集成新編》，臺北市：新文
　　　豐出版公司，1985年。

〔清〕杜文瀾：《古謠諺》，臺北市：新文豐出版公司，1986年。

〔南朝梁〕劉勰：《文心雕龍》，臺北市：學海出版社，1988年。

現代專著
（依作者姓氏筆畫排序）

朱介凡編著：《中華諺語志》，臺北市：臺灣商務印書館，第七冊，
　　　1989年。

何石松：《客諺一百首》，臺北市：五南圖書出版公司，2003年。

涂春景：《形象化客家俗語1200句》，臺北市：五南圖書出版公司，
　　　2004年。

陳運棟編：《客家人》，臺北市：聯亞出版社，1978年。

蔡仁厚：《儒家思想的現代意義》，臺北市：文津出版社，1987年。

羅香林：《客家研究導論》，臺北市：南天書局，1992年7月。

羅肇錦：《臺灣的客家話》，臺北市：臺原出版社，1990年。

謝淑熙：《臺灣客家禮俗文化新探索》，臺北市：萬卷樓圖書公司，
　　　　2018年11月。

李永匡、王熹：《中國節令史》，《中國文化史叢書31》，臺北市：文津
　　　　出版社，1995年。

羅勇、林曉平、鍾俊昆主編：《客家文化特質與客家精神研究》，哈爾
　　　　濱市：黑龍江人民出版社，2006年3月。

單篇論文
（依作者姓氏筆畫排序）

何石松：〈從客語詞彙看客家文化之內涵〉，《客家語言文字與教育研
　　　　討會論文集》，臺北市：臺北市民政局，1999年。

朱介凡：〈為客家研究催生〉，原載於《臺灣新生報副刊》，1970年1月
　　　　12後收入氏著《文史論叢》，臺北市：黎明文化事業公司，
　　　　1981年，頁295-297。

宋德劍：〈天人合一的天人觀──儒家生態文明的視野下的客家文化〉，
　　　　第五屆儒學國際學術研討會論文，臺北市：臺灣學生書局，
　　　　2011年，頁251。

林銘嬈：〈從帶有雞、猴的客家俗諺探觸客家人生活思想內涵〉，全球
　　　　客家經貿平臺，2007年8月12日。

維基百科，節氣（https://zh.m.wikipedia.org/zh-tw/%E8%8A%82%E6%
　　　　B0%94）。

學位論文

熊姿婷：《臺灣客家節氣諺語及其文化意涵研究》，雲林縣：雲林科技
　　　　大學漢學資料整理研究所碩士論文，2006年。

参

民俗編

第七章
從客家飲食諺語探索客家傳統文化的內涵

一　前言

　　展閱歷史的長卷，可知古今中外世界各民族都保留著內涵豐富獨具特色的「諺語」。《國語・越語》韋昭〈注〉：「諺，俗之善語也。」[1]東漢許慎《說文解字》說：「諺，傳言也。」[2]又：「語，論也。論，議也。」[3]劉勰《文心雕龍・書記》說：「夫文辭鄙俚，莫過於諺，而聖賢《詩》、《書》，采以為談，況踰於此，豈可忽哉！」[4]說明質樸、通俗的諺語是社會大眾生活的實際體現，是民間約定俗成、言簡意賅的習慣用語。語言是文化的載體，文化是族群團體自我認同的核心所在，透過語言，可以了解族群的文化，發現族群的生活智慧、態度、哲學等。根據歷史的記載，客家人不停的遷徙，造就了客家人艱苦、勤儉的生活習性。客家人這種種生活習性，表現在語言裡，這類語句，包括客話成語、客家俗諺、師傅話等，一方面可以了解祖先的生活習性，一方面也是客家人的特色傳承。後代子孫或可領略到其中傳承文化、積極入世、可貫穿時空、化育民心、啟蒙教育、啟發智慧、

1　易中天注譯：《新譯國語讀本》（臺北市：三民書局，1995年），頁519。
2　〔東漢〕許慎：《說文解字》（臺北市：黎明文化事業公司，1990年），頁95。
3　同上注，頁92。
4　〔南朝梁〕劉勰：《文心雕龍》（臺北市：學海出版社，1988年），頁256。

通曉自然等功能。[5]可見「諺語」是語言智慧的結晶，值得作為生活經驗的參考，人生方向的指引。

《漢書・酈食其傳》：「王者以民為天，而民以食為天。」[6]飲食是人類維繫生命的重要憑藉，而人類的飲食習慣，是因時因地制宜的。飲食文化包括人類對食物的選擇、處理、保存、烹調與食用方式等。我國源遠流長的飲食文化，不僅展現人類的生活方式，既滿足了人們的物質生活，也豐富了人們的精神生活，更蘊涵了社會、經濟與文化的意涵。「鹹、香、肥」一直是傳統客家菜的特色，為了讓菜餚不易腐壞，因此客家人在烹調食物時，習慣加多一點鹽，使菜餚鹹一點，並且可以補充因為勞動時所排出大流的汗，所需要的鹽分。例如，客家人常用的食材：梅干菜、酸菜、覆菜、金桔醬、醬冬瓜、蘿蔔乾、筍乾、豆豉等，都是用大量的鹽去醃製的。「香」就是用葱、薑、蒜泥加上豬油或花生油去爆香，使得青菜更加爽口，例如，鵝腸炒韭菜、薑絲炒大腸，或者用魷魚乾、肉絲、豆腐乾炒葱的客家小炒；「肥」就是用肥肉來伴煮各種菜餚，例如、梅干扣肉、筍乾炒爌肉、客家封肉等，都是令人齒頰留香的美食。[7]本論文主要以客家飲食諺語為研究對象，從客家飲食諺語探觸客家人傳統文化的內涵，因此引發個人寫作之動機，及一發思古之幽情。身為客家子弟，感念先民的苦心孤詣，讓我們能夠徜徉在客家美食的天地中，品嚐到如此香甜可口的家鄉味食物，心中洋溢著滿滿的溫馨與濃濃的感激。

5　林銘娥：〈從帶有雞、猴的客家俗諺探觸客家人生活思想內涵〉，全球客家經貿平臺，2007年8月12日。

6　〔漢〕班固、〔唐〕顏師古注：《漢書》〈酈食其傳〉（臺北市：鼎文書局，1987年），卷43，頁2108。

7　「客家美食嘉年華」網站（http://www.ihakka.net/2006food/index.htm）。

二　臺灣客家飲食諺語的類型

　　客家人是漢族的一支，近一千年來五次大遷徙，從中原向外播徙，到如今已繁衍發展到一億二千多萬人口，分佈在海內外各國和地區。客家人因自身的顛沛流離，在時時為客、處處為客的處境中，痛切地體驗到故土的可貴，因而與漢民族其他民系相比，愛鄉情懷顯得特別強烈。不論國家政治的更迭、天災人禍的遷徙、經濟環境的發展，臺灣客家鄉親沒有一家忘了他們的根源。並告誡子孫：「寧賣祖宗田，不賣祖宗言，寧賣祖宗坑，不忘祖宗聲。」，以表示要飲水思源，不可以忘本。而客家諺語字裡行間處處展現客家先民的智慧，蘊含的文化元素十分豐富，其中的各種知識更可作為行事的指針，因此不管對個人、社會都有潛移默化的指導價值。[8]客家傳統飲食諺語的類型繁多，限於篇幅，僅臚列六點，做綜合的分類並加以分析詮釋，於下：

（一）有關粄圓的諺語

　　　　吂到冬節先按圓，三十暗晡喊無錢。[9]

　　此句諺語的意涵是說明冬至還沒到，就先花錢搓湯圓吃，等到除夕夜時才叫窮。寓意在勸戒人平時生活要節儉，不要過於奢侈浪費，就是「常將有日思無日，莫到無時想有時」的意思。客家人逢年過節，喜歡用米食來做成各種不同的糕點，來祭拜天地、神明與祖先，例如，過年蒸年糕、發糕表示步步高升、年年發財；蒸菜頭粄、菜

8　邱湘雲：〈客家對句理諺認知譬喻研究：以實體譬喻為例〉，《全球客家研究》第10期（2018年5月），頁93。

9　「教育部客家語辭典」（https://pedia.cloud.edu.tw/Entry/Detail/?title=）。

包，取吉祥好彩頭的寓意。清明節祭祖的艾草粄、紅龜粿，來保佑子孫賺大錢。端午節包肉粽、粄粽、鹼粽等，來祭拜神明、祖先。中元節以糯米搗成糍粑（麻糬），沾花生粉來食用，非常香甜爽口，令人垂涎三尺。嫁娶新娘、冬至或元宵節都要煮湯圓來宴饗賓客，表示圓滿和樂的意趣。

另一則與粄圓有關的勞動歌：「挨礱丕泡，打粄唱歌」[10]，是說明先民在收割稻穀後，將稻穀碾製成純白的精米，然後磨成米漿，炊製成客家人愛喜愛吃的各種粄粿的勞動過程。挨礱丕泡，打粄唱歌，雖辛苦而快樂，以慰勞大家一年來的辛勞，並且訓勉子弟們「一粥一飯，當思來處不易；半絲半縷，恆念物力維艱。」的道理。農民耕耘雖然辛苦，但卻蘊涵著豐收的喜悅，借著歌聲來傳遞謝天謝地的情懷。在充滿和樂慶祝豐收的客家勞動歌中，大家享受含淚播種，歡呼收割的美好時刻。

（二）有關湯的諺語

　　客來莫寒酸，客走鹹菜湯。[11]

　　此句諺語的意涵是勸人招待客人不要太小氣寒酸，可是自己平常居家卻是粗茶淡飯。具有淳樸民風的客家人多禮好客，去別人家作客絕對不能空手去，一定要帶等路（禮品），回來的時候主人也有回籃（回禮），因此，逢年過節，迎來送往，已經成了過年過節的重要內容。客家人有「主人打幫客，客來莫寒酸，客走鹹菜湯」這一說法，指的是客家人平時省吃儉用，但在招待賓客時，會將家中飼養的豬、

---

10 何石松：〈民俗傳說〉，《客諺一百首》（臺北市：五南圖書出版公司，2003年），頁208。

11 「教育部客家語辭典」（https://pedia.cloud.edu.tw/Entry/Detail/?title=）。

鴨、雞等家畜、家禽，留至年節有客人造訪時才食用。客家人熱情好客的稱譽由此而來。這種禮尚往來的行徑正是《禮記・曲禮上》所說的：「禮尚往來，往而不來，非禮也，來而不往，亦非禮也。」別人以禮相待，也要以禮回報的體現。

客家民間有一首歌謠，叫《做客》：「請客唔好請女客，請五十來一百。一話坐桌，蓮葉緊佰。一講家事，公式鼻糊壁。」可見舊時客家婦女在赴宴時，常帶孩子一起參加，自己捨不得吃，輪到自己夾菜的時候，便把菜夾到事先準備好的蓮葉裏，包回去給小孩子吃。生活的艱辛、客家婦女的持家、勤儉與無私的寫照躍然紙上。[12]這也是客家諺語耐人尋味之處。「四炆四炒」可說是客家菜的典型，它的起源是來自於過去客家人在婚喪喜慶及酬神宴客時的八道標準菜色，客家人勤儉刻苦，平時省吃儉用，只在年節宰殺豬、雞、鴨祭拜神明，或於農曆初一、十五準備三牲（豬、雞、魷魚）拜土地公，為了在不浪費食材的考量下，並創造出口感美味的料理，將妥善運用全豬、全雞之所有食材變成各式桌上佳餚，因而有四炆四炒的產生。「炆」是用大鍋烹煮，「炒」是以大鍋快炒。這八道經典名菜，是客家人運用全豬來料理的極致，不但豬身上的每一部份都不浪費，而且端上桌時還色香味俱全。

（三）有關蘿蔔和薑的諺語

　　冬食蘿蔔，夏食薑，不用醫生開藥方。[13]

古人稱蘿蔔為「萊菔」，李時珍在《本草綱目》裡就這樣寫道

---

12 羅利光：〈身為客家人，這些傳統的待客禮節你懂嗎？〉，網站（https://kknews.cc/culture/ky22jbr.html）2018年12月27日發表。

13 冬吃蘿蔔夏吃薑。引自「百度百科」網站（https://baike.baidu.com/item/）。

「圃人種萊菔，六月下種，秋采苗，冬掘根。」[14]蘿蔔有「下氣、消谷和中、去邪熱氣」的功效，所以正好能解胃中煩熱。[15]蘿蔔是涼性的，到了冬天，氣候乾燥，肺火上升，冬天吃蘿蔔，可以溫肺、去痰、消火。夏天，是非常適宜細菌大量繁殖的季節，因此要多吃薑，既可以殺菌又可祛風濕，消暑，增強體魄。身體強壯，就不用找醫生開藥方了。

《黃帝內經》和《傷寒論》是源遠流傳了數千年的中醫學名著，我們就從這兩部古老醫書中來探尋「冬吃蘿蔔夏吃薑」的養生智慧。在《黃帝內經·四氣調神大論》記載：「冬三月，此謂閉藏，水冰地坼，無擾乎陽，早臥晚起，必待日光，使志若伏若匿，若有私意，若已有得，去寒就溫，無泄皮膚使氣亟奪，此冬氣之應養藏之道也。」[16]詳細記載了春夏秋冬四季對應人體內陰陽氣血的變化規律，冬三月是「閉藏」的時節，萬物凋零不再生長，人體的氣血也都藏到身體內部。張仲景《傷寒論·辨脈法》也記載：「五月之時，陽氣在表，胃中虛冷，以陽氣內微，不能勝冷，故欲著復衣；十一月之時，陽氣在裏，胃中煩熱，以陰氣內弱，不能勝熱，故欲裸其身。」[17]簡而言之，由於夏季炎熱，人們往往貪涼飲冷，而過食寒涼、吹空調過冷過久，都容易損傷脾胃陽氣。這時喝一點生薑湯，可起到散寒祛暑、開胃止瀉的作用。冬季人們習慣進補，相對活動較少，因而體內易生痰

---

14 李時珍：《本草綱目》，引自「中國哲學書電子化計劃」（https://ctext.org/wiki.pl?if=gb&res=8）。

15 〈全面破解「冬吃蘿蔔夏吃薑」的養生奧秘〉（https://kknews.cc/health/38gn8a3.htm）。

16 《黃帝內經》，引自「中國哲學書電子化計劃」（https://ctext.org/huangdi-neijing/si-qi-diao-shen-da-lun/zh）。

17 張仲景：《傷寒論》，引自「中國哲學書電子化計劃」（https://ctext.org/wiki.pl?if=gb&chapter=960797）。

熱。此時進食蘿蔔，具有清熱化痰，消積除脹的作用。[18]由此可見，客家先民的智慧，早就發現「冬吃蘿蔔夏吃薑」的養生秘訣。

（四）有關飯的諺語

　　飯好亂吃，事莫亂講，亂食亂講害自家[19]

　　在傳統的農村社會，每個人說話都要謹守分寸，所謂：「良言一句三冬暖，惡語傷人六月寒」，如果一個人喜歡信口開河，就會惹事生非。所謂：「知人不必言盡，留三分餘地與人，留些口德與己。」對於有一些話，本來可以不說，何必要多說呢？心存善念，口說好話，大家就可以和睦相處，所以客家諺語說：「飯可以多食，話不能亂講」、「冷湯冷飯好吃，冷言冷語難聽」，就是勸勉人學會說話的藝術，懂得聽話之人，能多交些朋友，少些敵人。亂說話的人，會給生活添麻煩，會給自己招惹事端，所以，要注意自己的言談舉止，西諺：「沉默是金，雄辯是銀。」這就是禍從口出的真諦，因為飯多吃，可以讓身體強壯；話亂講，卻會禍害無窮。

　　孔子說：「巧言亂德，小不忍則亂大謀。」（《論語・衛靈公》）「君子欲訥於言而敏於行。」（《論語・里仁》）「古者言之不出，恥躬之不逮也。」（《論語・里仁》）說明一個人喜歡花言巧語會敗壞道德，強調君子說話要謹慎，做事要腳踏實地。不要輕易出口，如果言而無信，無法實現自己的承諾，是可恥的行為。由此可見，客家諺語：「飯可以多食，話不能亂講」的意涵，體現了「謹言慎行」的儒

---

18 〈全面破解「冬吃蘿蔔夏吃薑」的養生奧秘〉（https://kknews.cc/health/38gn8a3.htm）。

19 徐于芳（陳康宏、劉兆蘭文字撰稿）：《一日一句客家話：客家老古人言》（臺北市：財團法人寶島客家廣播電臺，2000年），頁127。

家文化，更說明了上帝給我們一張嘴巴，一雙眼睛，兩隻耳朵，是讓你多看多聽，多吃飯，少說話，做人要厚道，要嚴以律己，寬以待人，如此才可以廣結善緣。

（五）有關茶的諺語

飯後一杯茶，餓死醫藥儕。[20]

「人是鐵，飯是鋼，一餐唔食餓得慌。」客家先民在非常艱困的環境中求生存發展，認為米飯是產生活力的泉源，吃飯是身體健康的根本。「鹹」、「香」、「肥」一直是傳統客家菜的特色，「鹹」是為了易於保存，不易腐壞，也補充辛苦農作流汗後所需的鹽分；「肥」是因為客家人做粗重的工作，需要補充大量的體力，「香」則能增加食慾並耐飽，而且客家菜的食材多為硬料（如乾魷魚），所以在料理時特別重視香味的處理。為了配合頻繁的遷徙及保存食物與多元利用，勤儉的客家人，發明出各式各樣的醃漬品，從蔬菜、魚肉、醬料、紅麴、乾燥食材等，像菜脯、鹹菜乾等皆為客家人常吃的食品。[21]由於客家菜重「鹹」、「香」、「肥」，因此吃完大魚大肉，客家先民喜歡泡茶喝，因此有「飯後一杯茶，餓死醫藥儕。」的諺語出現，說明飯後喝茶有益健康，中國人自古就有喝茶的習慣，因為喝茶好處多，吃飽飯，大家一起泡茶喝，不但可以消熱解暑，還能去油解膩。

此則流傳已久的客家諺語，是客家人津津樂道的。但在科技文明發達的今日，醫學界提出另類的見解。臺北市立聯合醫院仁愛院區中醫科主治醫師周宗翰表示，茶葉中含有茶鹼及鞣酸，都會抑制人體的消化功能，茶鹼會導致胃壁細胞分泌亢進、胃酸增加，對胃黏膜刺激

---

20 「教育部客家語辭典」（https://pedia.cloud.edu.tw/Entry/Detail/?title=）。

21 「客家美食嘉年華」（http://www.ihakka.net/2006food/index.htm）。

加強，腸胃不好的人容易胃潰瘍；而鞣酸進入胃腸道後，會抑制消化酶的分泌，進而導致消化不良，且鞣酸還會與肉類、蛋類、豆製品、乳製品等蛋白質，以及鐵、鎂等礦物質，產生凝固作，經年累月就可能形成結石。尤其濃茶的茶鹼濃度過高，使中樞神經系統的興奮性增高，引起胃蠕動加快，容易有消化不良的風險，建議吃飽後不要立刻喝茶，最好間隔半小時再喝。[22]醫學界不同的見解，值得客家鄉親重視。

（六）有關甘蔗的諺語

甘蔗食了一目正一目。[23]

《本草綱目》：「甘蔗釋名竿蔗、遮。氣味（蔗）甘、平、澀、無毒。」甘蔗有著「天然復脈湯」、「脾果」等美譽。它能生津止渴、潤喉去燥，是最適合寒冷乾燥的冬季食用的水果。甘蔗的營養價值非常豐富，含有維生素、脂肪、蛋白質、有機酸、鈣、鐵等多種營養物質。同時，我們冬季常見的頭痛、感冒、咳嗽等疾病，也可以通過甘蔗來進行輔助的治療。[24]臺灣雲林縣虎尾鎮到屏東縣的平原盛產甘蔗，在日治時代到光復初期，甘蔗為臺灣最重要的經濟作物之一。

吃甘蔗要一節接一節的吃，不能跳著吃，因此有「甘蔗食了一目正一目」的客家諺語出現。比喻做事要按照步驟慢慢來，不能操之過急。讀書學業，做任何事情，也都要按部就班的做，才能有所成就。

---

22 〈飯後一杯茶能解膩減肥嗎？反而易傷胃、消化不良〉（https://health.udn.com/health/story/6037/3820245）。

23 「教育部客家語辭典」（https://pedia.cloud.edu.tw/Entry/Detail/?title=）。

24 〈甘蔗竟有那麼多功效！但是有些甘蔗您不能吃！〉（https://kknews.cc/health/e9kolpr.html）。

　　此句諺語與《大學》所說：「物有本末，事有終始，知所先後，則近道矣。」的意涵相近，告訴我們做學問、做任何事都必須按步驟，一步一步深入而不可以輕舉妄動。在《大學》中講到：「知止而後有定，定而後能靜，靜而後能安，安而後能慮，慮而後能得。」這就是儒家修學的七個步驟：「知、止、定、靜、安、慮、得」這七個步驟環環相扣、步步深入，是做學問與做事的要領。做事跟吃甘蔗一樣要循序漸進，不疾不徐，多加思索，多看多聽，熟能生巧，最後就能夠水到渠成。

三　客家飲食諺語所體現的傳統文化內涵

　　朱介凡（1964）曾指出：「諺語是風土民性的常言，社會公道的議論，深具眾人的經驗與智慧，精闢簡白，喻說諷勸，雅俗共賞，流傳縱橫。」[25]可見諺語具有語言、美學、認知思維及文化等層面的多元價值，語言學上的價值如使修辭精鍊簡潔，而這是語言精華的高度表現；社會學上的價值是可以觀察社會真實狀貌，傳承道德教化；思想上的價值則是思維見解深刻，深具啟發人心的作用。[26]茲臚列客家飲食諺語所體現的傳統文化內涵如下：

（一）崇敬祖先的道德觀

　　客家話，客家人稱為「祖公話」或「家鄉話」，每當祭祀祖先及宗親相聚時，禁止使用客家話以外的語言。客家諺語上說：「家鄉水甜入心，十年不改舊鄉音。」鼓勵每位客家子民，即使遇到山窮水盡

25　朱介凡：《中國諺語論》（臺北市：新興書局，1964年），頁62。
26　邱湘雲：〈客家對句理諺認知譬喻研究：以實體譬喻為例〉，《全球客家研究》第10
　　期（2018年5月），頁93。

的時候，寧可賣掉祖先遺下來的田地，絕對不可以遺忘自己的母語，不但要好好保存，要將它傳承下去，並且加以發揚光大。客家諺語上說：「食水愛念水源頭，食果子愛拜樹頭。」表現了客家人飲水思源，受人滴水之恩，當湧泉以報，人有恩於我，當感恩圖報。在客家人的文化中，充分表現出濃厚的移墾社會痕跡，刻苦耐勞、遵守祖訓，探究生命本源，報本追遠，承續傳統文化與風俗，因而形成客家民族特有的民族性。

儒家文化的核心是孝道，客家人重視人倫道德教育，客家人崇敬祖先，重視孝道，還可以從日常生活的一些現象中得到印證。例如、客家飲食諺語：「千跪萬拜一爐香，毋當生前一碗湯。」說明對死去的父母虔誠禮拜，不如生前恭敬的侍奉一碗湯，其意思和時下一句俗語：「生前一粒豆，勝過死後孝豬頭。」有相同的旨意。所謂：「祭而豐，不如養之薄也。」（歐陽脩〈瀧岡阡表〉）勉勵子孫行孝要及時，父母在世時，我們就要孝順父母，才不會有「樹欲靜而風不止，子欲養而親不在」的憾事發生。

（二）忠孝傳家的倫理觀

客家先民，從唐山以赤手空拳飄洋過海到臺灣，進入窮鄉僻壤墾殖荒地，為穩定家族命脈而吃苦耐勞。由於遷移過程中經過千辛萬苦，內憂外患，輾轉漂泊歷經艱困，所到之處地瘠民貧，飽受謀生的艱困，因而養成了「勤儉奮鬥、刻苦耐勞」之精神，並且以「耕讀傳家久，詩書繼世長」的理念，來教導子孫們要認真讀書。有許多客家諺語就表達了這種意義，如「有子不讀書，不如養大豬」、「不讀書有眼無珠」等[27]；客家人珍惜文字，尊重有知識的讀書人，敬重文明，

---

27 南山：〈論客家文化意識〉，《客家民俗》第3、4期（1986年）。

成了歷代相傳的古風。客家人是個遷徙的族群，由於長期生活在困苦的環境中，深知要改變現狀，最好的辦法就是讀書，求取功名以出人頭地。臺灣客家人在戰後六十年來，能夠憑其對教育的重視，以較高的教育成就來改善其社經地位，即是最好的寫照。

　　客家文化是以「耕讀傳家」為核心主軸而發展，客家人敬祖睦宗、長幼有序；在社會意識上，客家人團結、要求與人和睦相處、能忍讓；在品德操守上，要求人品氣節更勝於富貴，並且敬愛自然萬物。客家人的忠義與晴耕雨讀[28]的風範，可以用下述飲食諺語：「食飽、著燒、求壽年」來充分表達。這是客家人自我期許、自我要求的生活境界，也是客家人用以勉勵子弟的座右銘，無非是希望每個客家子弟都能學習農夫勤勞耕種，經過春耕夏耘的努力，才有秋收冬藏的成果。「積善之家，必有餘慶」（《易經‧坤卦‧文言》），經常積德行善，就會有福壽綿長，值得慶賀的事，降臨到我們身上。這是值得每一位客家子弟，念茲在茲的客家傳統精神。

（三）天人合一的儒學觀

　　客家文化是「中國傳統文化的活化石」，中國傳統文化的核心價值就是儒家文化，客家人的許多觀念和民俗是和儒家文化一脈相承的。儒家文化提倡「天人合一」的天人觀，這種「天人合一」的觀念在客家文學、客家飲食、客家建築、客家民間信仰等諸方面都得到了典型的體現，反映了客家人在傳統社會追求人與自然和諧，協調人與

---

28 邱春美：「六堆客家人自古即傳承祖先『晴耕雨讀』的遺訓，文風極盛。在清雍正年間即在內埔（後堆）建造全臺唯一的韓文公廟（昌黎祠）來祭祀；據《鳳山縣采訪冊》記載，清統治期間，鳳山縣屬的舉人有二十八人，六堆士子考中舉人就有二十人、而考中進士的有四人，六堆士子中占有進士三人；其他考上秀才、貢生等更不勝其數，成績十分優異。」詳見邱氏撰：《六堆客家古典文學研究》（新北市：輔仁大學中國文學研究所博士論文，2005年1月）。

人、人與社會關係方面的生存智慧。[29]客家傳統飲食知識中的飲食習慣的季節性和「冷熱」的分類，呈現了「天人合一」的思想，客家人在不同的季節有不同的季節性食物。「逢山必有客」客家族群因山居食材取得不易，節儉與惜福的生活觀，研發出各種醬料名菜，除了下飯、易保存外，也盡情利用生活周遭取得的菜蔬水果，隨著年節、四季盛產的山林產物的變化，從菜餚到點心零食，從主食到粄類，創造出客家多元的吃食文化。

　　在客家傳統飲食觀念中，要維持人的體內的健康，最主要的是要注意「冷熱」的和諧，這主要表現在客家食物、藥物和補品的調理上。例如，清明節的艾草粄、端午節的粽子、傳統客家遇婚喪喜慶、廟會拜拜，多半都會打粢粑，逢年過節、蒔田割禾，一定會打粄等。以清明粄為例，當地民間諺語說：「清明節，百草好做藥」，每逢清明節前夕，家家戶戶都要從野外採集各種供食用的艾草，用來製作清明粄。又如，「四炆四炒」可說是客家菜的典型，這八道經典名菜，是客家人運用全豬來料理的菜餚，不但豬身上的每一部分都不浪費，而且端上桌時還色香味俱全。

（四）勤勞節儉的人生觀

　　客家飲食諺語說：「一餐儉一口，一年儉一斗」、「食毋窮，著（穿）毋窮，無劃無算一世窮」。客家人堪稱為最懂得環保的族群，從先民們的生活作息與飲食習慣，就可以了解箇中真味。在家裡，客家婦女都是精打細算，柴米油鹽，不肯稍多花費，因此有「有油毋點兩盞火，免得無油打暗摸」的說法。他們愛惜資源與物力，不糟蹋任何可以食用的東西，例如：酸菜、覆菜、蘿蔔乾、梅干菜……等，因

---

29 宋德劍：〈天人合一的天人觀——儒家生態文明的視野下的客家文化〉，「第五屆儒學國際學術研討會」論文（臺北市：臺灣學生書局，2011年8月）。

為應景新鮮的青菜吃不完，就把它醃製起來，不但收藏較久，也可以節省物資，而不會暴殄天物。平日也將洗米的水、洗菜的水、洗衣服的水，留下來洗碗、澆菜澆花。可見先民生活簡樸，省吃儉用，不浪費任何可以利用的資源。

客家諺語說：「但留方寸地，留與子孫耕。」先民世代以務農為業，每天早出晚歸，耕田又耕圃，做到兩頭烏。所以常常勉勵子孫做事要腳踏實地，做人要光明磊落，並且心存善念來待人接物。人們的心田，猶如農人種植的田地，要經過插秧、播種、除草、施肥等工作，才有豐收的一刻到來。客家飲食諺語說：「言到冬節先搓圓，三十暗晡喊無錢。」意在勸人平時生活要節儉，凡事不可操之過急。客家諺語又說：「樹頭若企乎正，不怕樹尾做風颱。」說明上樑不正，下樑歪的意涵。因此為人長輩，要以身作則，教導子孫做人要循規蹈矩，去做好自己分內的工作，不要妄想一步登天，如此吃苦耐勞，盡忠職守，才可以開創璀璨光明的未來。可見先民用善知識引導子孫向光明的人生邁進，使他們在潛移默化中，能夠牢記庭訓，將來長大做個俯仰無愧、堂堂正正的客家人。

四　結語

回顧從前種種，物換星移幾度秋。在有如萍聚的人生中，尋訪客家諺語的歷史扉頁，先民用「喜、怒、哀、樂」譜出的生命組曲，令人有「醲肥辛甘非真味，真味只是淡」的感觸。回首先民向來蕭瑟處，在歲月的更迭，與現實生活的歷練中，所烙印下腳踏實地的履痕，不禁令我們油然而生懷舊的感傷。客家人勤勞節儉、刻苦耐勞；在人倫關係上，客家人敬祖睦宗、孝敬父母、長幼有序；在社會意識上，客家人團結、要求與人和睦相處、能堅忍謙讓；在品德操守上，

要求人品氣節更勝於財富，並且敬愛自然萬物。但是，富有歷史人文事典與耕讀傳家美德的客家文化，在社會的變遷與時推移，在科技文明日新月異的廿一世紀，正逐漸在消失與崩解，這個現象值得每一位客家子弟反省與深思。

德國哲學家尼采（Friedrich Wilhelm Nietzsche, 1844-1900）說：「生活的意義，便是把人生中各種遭遇化為火光。」走過臺灣客家諺語的蹊徑，我們尋根探源，不僅見到臺灣客家傳統文化「宗廟之美，百官之富」的堂奧，更了解到傳統文化與先民的生活經驗相輔相成，具有發皇歷史、綿延民族命脈的功能。先民們辛勤的耕耘，豐足我們的衣食，為我們編織絢爛的未來；先民們在這塊土地上披荊斬棘所流的血汗，灌溉了臺灣的沃野，潤澤了臺灣純樸的鄉土文化。他們猶如「燃燒自己，照亮別人」的燭光，照亮臺灣的光明遠景，使我們可以在自由的天地馳騁；在文化的鄉土上，游息流連，安身立命。因此大家應心懷感恩，感謝祖先的庇佑，讓我們能享受如此多的福澤。人人要飲水思源，來發揚光大吃苦耐勞的客家精神，使客家人的生命力，能夠在有情天地中永續發展，綿延至千年萬代。

徵引文獻

專著書籍
（依作者姓氏筆劃排序）

〔漢〕班固、〔唐〕顏師古注：《漢書》，臺北市：鼎文書局，1987年。

〔宋〕朱熹：《四書章句集注》，臺北市：鵝湖出版社，1998年。

朱介凡：《中國諺語論》，臺北市：新興書局，1964年12月。

竺家寧：《詞彙之旅》，臺北市：正中書局，2009年12月。

何石松：《客諺一百首》，臺北市：五南圖書出版公司，2003年。

何石松、劉醇鑫編：《現代客語實用彙編》，臺北市：北市客委會，
　　　　2002年。

古國順校訂、何石松、劉醇鑫主編：《客語詞庫》，臺北市：臺北市客
　　　　家委員會，2007年。

涂春景：《形象化客家俗語1200句》，臺北市：五南圖書出版公司，
　　　　2004年。

徐運德編：《客話辭典》：苗栗縣：中原週社，1992年6月。

陳運棟編：《客家人》，臺北市：聯亞出版社，1983年。

羅香林：《客家研究導論》，臺北市：南天書局，1992年7月。

羅肇錦：《臺灣的客家話》，臺北市：臺原出版社，1990年。

橋本萬太郎：《客家語基礎語彙集》，東京都：東京外語大學，1972年。

羅勇、林曉平、鍾俊昆主編：《客家文化特質與客家精神研究》，哈爾
　　　　濱市：黑龍江人民出版社，2006年3月。

徐于芳（陳康宏、劉兆蘭、文字撰稿）：《一日一句客家話：客家老古
　　　　人言》，臺北市：財團法人寶島客家廣播電臺，2000年。

單篇論文

古國順：〈臺灣常用的客家諺語〉，《客家雜誌》第52期，1994年。

南　山：〈論客家文化意識〉，《客家民俗》第3、4期，1986年。

宋德劍：〈天人合一的天人觀——儒家生態文明的視野下的客家文化〉，「第五屆儒學國際學術研討會」論文（2009年12月12-13日），珠海市：聯合國際學院。

何石松：〈從客語詞彙看客家文化之內涵〉，《客家語言文字與教育研討會論文集》，臺北市：臺北市民政局，1999年。

何石松：〈客家諺語的智慧美——以氣象諺語為例〉，《第四屆語言文學與思想國際學術研討會論文集》，臺北市：臺北市立教育大學語文教育學系編印，2005年。

何石松：〈從客家諺語看客家民俗文化——以節日民俗為例〉，《新生學報》，2011年7月。

何石松：〈從客諺看客家民俗文化——以年俗文化為例〉，《新生學報》，2012年9月。

邱湘雲：〈客家對句理諺認知譬喻研究：以實體譬喻為例〉，《全球客家研究》第10期，2018年5月。

溫珍琴：〈從飲食諺語看客家文化的特質〉，收錄入羅勇、林曉平、鍾俊昆主編：《客家文化特質與客家精神研究》，哈爾濱市：黑龍江人民出版社，2006年3月。

劉醇鑫：〈客家諺語中所反映的人生態度〉，《北市師院語文學刊》，2002年，6月。

劉醇鑫：〈客諺中所反映的命運觀〉，《北市師院語文學刊》，2003年7月。

劉醇鑫：〈客諺中所反映的家庭倫理觀〉，《北市師院語文學刊》，2004年8月。

曾純純、劉秀俐：〈從六堆客家俗話諺語探究稻米文化之意涵〉，《人文社會科學研究》，2011年3月。

鍾洸華：〈勤儉傳家的客家諺語〉，《師友月刊》，2009年9月。

鍾榮富：〈從客家諺語看客家人的生活〉，《客家》，1989年5月。

學位論文

楊冬英：《臺灣客家諺語研究》，新竹師範學院臺灣語言與語文教育研究所碩士論文，2000年。

黃瑞蓮：《臺灣海陸客話禁忌語的研究》，新竹師院臺灣語言與語文教育研究所碩士論文，2007年。

謝進興：《與蔬菜有關之臺灣客家俗諺語研究》，新竹教育大學臺灣語言與語文教育研究所碩士論文，2008年。

數位資源

《本草綱目》，中國哲學書電子化計畫（https://ctext.org/wiki.pl?if=gb&res=8，檢索日期：2021年4月6日）。

《黃帝內經》，中國哲學書電子化計畫（https://ctext.org/huangdi-neijing/zh，檢索日期：2021年4月6日）。

《傷寒論》（https://ctext.org/shang-han-lun/zh，檢索日期：2021年4月6日）。

「客家美食嘉年華」（http://www.ihakka.net/2006food/index.htm，檢索日期：2021年3月30日）。

飯後一杯茶能解膩減肥嗎？反而易傷胃、消化不良（https://health.udn.com/health/story/6037/3820245，檢索日期：2021年3月30日。）

甘蔗竟有那麼多功效！但是有些甘蔗您不能吃！（https://kknews.cc/health/e9kolpr.html，檢索日期：2021年3月30日）。

羅利光：身為客家人，這些傳統的待客禮節你懂嗎？（https://kknews.
　　　　cc/culture/ky22jbr.html2018-12-27，發表於文化，檢索日期：
　　　　2021年3月30日）。

全面破解「冬吃蘿蔔夏吃薑」的養生奧秘（https://kknews.cc/health/38gn
　　　　8a3.htm，檢索日期：2021年3月30日）。

《教育部客家語辭典》（https://pedia.cloud.edu.tw/Entry/Detail/?title，
　　　　檢索日期：2021年3月30日）。

第八章
從客家本色歌謠探析臺灣客家傳統文化內涵

一　前言

　　客家鄉親原係黃河流域中原地區漢民族的一支，因為戰亂避禍，或擴展延續生命的版圖，不得不南遷長江流域。[1]至明末清初兩千多年間，由於內陸人口的膨脹，以及戰亂的因素，輾轉遷徙到廣東中部以及沿海地區，有些更飄洋過海至臺灣北部的桃、竹、苗地區，以及南部的高雄、屏東一帶墾殖荒地。從〈客家本色〉歌詞中：「唐山過臺灣，沒半點錢，剎猛打拚耕山耕田，咬薑啜醋幾十年，毋識埋怨。世世代代就恁樣勤儉傳家，兩三百年沒改變，客家精神莫豁忒，永遠永遠。」可見臺灣客家祖先從「唐山過臺灣」的艱辛過程，不但塑造了臺灣客家人的內聚力，也開啟了臺灣客家族群的新視野：面對臺灣多樣化的自然山川與多元的族群處境，必須更加落實因地制宜的「移民本色」，因而得以全然不同於中國原鄉的方式，打造了風貌殊異的客家新故鄉。

　　臺灣客家先民因地制宜之生存智慧，漸漸發展出來臺先祖未曾想像的客家新風貌。客家人從大陸輾轉遷徙來臺，大半住在靠山的窮鄉僻壤，除了種田外，另一項謀生的方式，就是在蜿蜒起伏的山坡上，

1　羅香林：〈《客家研究導論》（臺北市，南天書局公司，1992年），第2章，頁64-65。

種植了一簇簇的茶樹。走過風雨飄搖的動盪歷史，起初客家先民都是依山而居，赤手空拳來開創自己的家園，以種植稻田、茶樹維生，所以養成吃苦耐勞、委屈求全的精神。本論文以〈客家本色〉歌謠為探析的主軸，分別論述客家本色歌謠所蘊含的臺灣客家傳統文化的特質、〈客家本色〉的人文價值，生為客家人，不可不知客家事。因此引發個人寫作之動機，及一發思古之幽情。緬懷千古，和創業艱辛的先民心志相通。他們流血流汗的辛勤耕耘，為後代子孫開闢了安身立命的鄉土家園；一枝草、一點露的精神，讓客家文化的薪火能夠永遠傳承下去。

二 〈客家本色〉歌曲內容概述

涂敏恆先生在一九八九年所創作的〈客家本色〉歌曲，已成為代表客家精神的經典歌曲，至今仍被大家傳頌著。這首歌描寫客家祖先——「唐山過臺灣」的艱辛過程，我們能深切體認到客家人離鄉背井，到異鄉打拚的艱辛。茲概述〈客家本色〉的作者、歌詞內容如下：

三 〈客家本色〉作者生平述略

涂敏恆先生（1943年2月12日-2000年3月14日），臺灣客家籍作曲家，出生於苗栗縣大湖鄉，畢業於大湖國小、大湖農工初級部、建臺高中以及政治作戰學校音樂系畢業。涂敏恆先生創作出近三百首的歌謠，尤其是〈客家本色〉已經成為客家人耳熟能詳，族群聚會必唱的歌曲，也創作了一首著名國語流行歌曲〈送你一把泥土〉，享有「客家流行音樂之父」的美名。其他代表作品有：〈我是客家人〉、〈死河壩〉、〈月光光〉、〈紅梅〉、〈乾杯〉、〈感謝〉、〈昔時賢文〉、〈總講恩無

緣〉、〈客家進行曲〉、〈大憨牯汽車〉、〈南莊細妹〉等等。二〇〇〇年三月十四日臺灣客家音樂才子涂敏恆先生不幸車禍身亡，六年後，他在大湖的故宅被整建成為紀念館，紀念著這位永恆的音樂之父。[2]他於一九八九年所創作的〈客家本色〉，已成為代表客家精神的經典歌曲，至今仍被大家傳頌著。

四 〈客家本色〉歌詞內容

> 唐山過臺灣，沒半點錢，剎猛打拚耕山耕田，咬薑啜醋幾十年，毋識埋怨。世世代代就恁樣勤儉傳家，兩三百年沒改變，客家精神莫豁忒，永遠永遠。
>
> 時代在進步，社會改變，是非善惡充滿人間，奉勸世間客家人，修好心田，正正當當做一個良善的人，就像恩的老祖先，永久不忘祖宗言，千年萬年。
>
> ——涂敏恆〈客家本色〉

五 〈客家本色〉歌詞釋義

一、釋義

唐山〔tongˇsanˊ〕：大約在三百多年前的明朝時代，當時的中國被稱為「唐山」。唐山是中國大陸的意思，由於前往臺灣可能觸犯禁令、遭遇海難，又是陌生的環境，「唐山過臺灣，心肝結歸丸」這句話代表當時移民渡海來臺的緊張心情。

---

2 引自「維基百科」（https://zh.wikipedia.org/wiki/%E6%B6%82%E6%95%8F%E6%81%86）。

咬薑啜醋〔ngau´ giong´ cod` cii〕：啜：吮吸；啜飲。

咬薑啜醋：指人刻苦耐勞、節衣縮食度日之意。有克勤克儉之意。

剎猛〔sad`mang´〕：努力。

毋識埋怨〔m˘siid`mai˘ien〕：不曾埋怨。

恁樣〔an`ngiong`〕：這樣。

豁忒〔vog`hed`〕：丟掉。

恩的〔en´ne〕：我們的。

二、歷史沿革

一、「臺灣」是孤懸在大陸東南海上的一座島嶼，兩者之間，隔著一條自古便是非常有名的天險——在澎湖附近的「黑水溝」，被稱為「落漈」的海域。

　　臺灣在一六八四年被納入清朝領土，唐山的人民開始大量移民臺灣。清朝政府卻因為治安上的考量，禁止唐山內地居民移民臺灣。清朝政府對於違禁偷渡的處罰規範相當嚴厲，不但協助偷渡的船戶與偷渡者要受罰，失職官員也須接受處分。但是移民臺灣的嘗試始終沒有消失，反而是偷渡者千方百計逃避關口檢驗、渡過艱險的黑水溝（臺灣海峽），也因此造成許多慘劇。據一六九七年的《裨海紀遊》，中國到澎湖的這段水域稱為紅水溝，澎湖到臺灣這段水域為黑水溝。黑水溝遠比紅水溝險惡，水流湍急。由於我們的祖先都是從唐山過來的，當時就是因為當時的環境不好，才來臺灣打拚。中國人一向都不喜離開故鄉，會離鄉背井一定是不得已，所以才會有「唐山過臺灣，心肝結歸丸」這樣歷史典故的俗語。[3]

3　唐山過臺灣之文史資料（https://blog.xuite.net/hhcjuliet/journal/8697596）。

二、依據羅香林客家運動五期說：[4]

自康熙中到乾嘉之際，客家人口繁殖，而客地山多田少，逐步向外發展。遷徙起點：廣東東部北部、江西南部。遷徙地點：有的到了四川，有的到了臺灣，有的進入廣東中部和西部。有的遷入湖南和廣西。據客家族譜上文獻的記載客家民系遷徙至臺灣，是在清康熙皇帝時，茲舉地方縣志上的文獻為例，《屏東縣志》：「康熙三十年代，臺灣南部六堆地方的客族，自康熙領臺之初，至朱一貴起義，先後僅三十五年，客族所開闢的地方，北自美濃，南至佳冬，有百餘里之地，已成十三大庄，六十四小庄之農村部落。」清廷克服臺灣，舊日鄭氏部眾，多半逃亡南洋群島，全臺空虛，人煙寥落，嘉應各屬客家，頗多乘此良機，移向臺灣經營。當時客家人多半在安平、東港、恆春一帶上岸，聚居下淡水河沿岸。[5]

這首歌曲訴說著客家先民來臺墾荒的時候，身上一點錢都沒有，白手起家，努力打拚開山種田，世世代代就這樣勤儉傳家，過著省吃儉用的生活，雖然辛苦也不會埋怨，希望這種吃苦耐勞的精神會一直傳承下去，在客家族群裡，教育子孫永遠不可以忘了祖先來臺墾荒的精神、不要忘了祖先的教誨、更不要忘了做個堂堂正正守本分的客家人。歌詞的內容是描寫居住在中國大陸的漢人橫渡臺灣海峽的風險，前來臺灣謀生、聚居的艱辛過程。主要在奉勸世間的客家人，無論社

4　羅香林：〈客家研究導論〉，《客家研究導論》（臺北市，南天書局，1992年7月），第2章，頁45-62。

5　謝淑熙：〈從姓氏與堂號探究臺灣客家文化的蘊涵——以謝氏、張氏、賴氏為例〉，《臺灣客家禮俗文化新探索》（臺北市：萬卷樓圖書公司，2019年5月），頁20-21。

會如何改變，都不要忘記祖先開墾的艱辛，要秉持先人的教訓，做個良善的人。客家人的祖根意識特別渾厚，他們認為客家話是他們南遷的祖先從中原古代漢語傳承下來的，永遠不能忘，忘了它就等於忘掉了老祖先，忘了客家的根。他們把客家方言和客家的祖根聯繫在一起，因此才有：「寧賣祖宗田，不忘祖宗言」的遺訓。所以客家諺語上說：「家鄉水甜入心，十年不改舊鄉音。」表現了客家人飲水思源，能夠尊重祖先及保留慎終追遠的美德。

六 〈客家本色〉歌曲所蘊涵客家傳統文化之特質

從〈客家本色〉歌詞中，我們追溯先民在臺灣開疆拓土的跫音，像輕叩窗櫺的細雨，不斷撥動著每個鄉親的心弦，他們用全部的生命，來耕耘家鄉這塊土地。茲述〈客家本色〉歌曲所蘊涵客家傳統文化之特質如下：

（一）移民本色

臺灣客家鄉親原係黃河流域中原地區漢民族的一支，因為戰亂避禍，或擴展延續生命的版圖，不得不南遷長江流域。[6]至明末清初兩千多年間，由於內陸人口的膨脹，以及戰亂的因素，輾轉遷徙到廣東中部以及沿海地區，有些更飄洋過海至臺灣北部的桃、竹、苗地區，以及南部的高雄、屏東一帶墾殖荒地。「樹有本，水有源」，臺灣客家每個姓氏的譜牒，開宗明義幾乎都赫然書寫這則諺語，每個客家堂號、堂聯都不厭其煩的敘述氏族的源起、衍播。在客家諺語中敘述：「富貴不離祖，游子思故鄉」，說明無論貧富貴賤，男女老少，誰都

6　羅香林：《客家研究導論》（臺北市：南天書局公司，1992年），頁64-65。

不忘自己根之所在，本之所依，正所謂「摘瓜尋藤，念祖尋根」。臺灣客家人幾乎家家戶戶懸掛祖宗牌位，每個姓氏祭祖修譜廣泛盛行。對祖先的崇拜，一方面固然是報本，「天有日月，人有良心」；一方面是感恩，「當家方知柴米貴，養兒方知父母恩」，像這樣的諺語俯拾皆是。在強烈的報本尋根意識催化下，讓客家人堅守自己的語言「離鄉不離腔」，對客家人來說，那真是走遍天下，鄉音依然，這也是客家先民的移民本色，也是飲水思源的具體表現。

（二）勤儉傳家

　　客家鄉親原本居住在大陸中原一帶，至明末清初兩千多年間，由於內陸人口的膨脹，以及戰亂的因素，輾轉遷徙到廣東中部以及沿海地區，有些更飄洋過海至臺灣北部的桃、竹、苗地區，以及南部的高雄、屏東一帶墾殖荒地。目前全臺灣約有四百多萬人，起初先民都是依山而居，赤手空拳來開創自己的家園，以種植稻田、茶樹維生，所以養成吃苦耐勞、委曲求全的精神。他們流血流汗的辛勤耕耘，為後代子孫開闢了安身立命的鄉土家園；一枝草、一點露的耕讀精神，讓客家文化的薪火能夠永遠傳承下去。客家人因自身的顛沛流離，在時時為客、處處為客的窘境中，最為痛切地體驗到故土的可貴，因而與漢民族其他民系相比，愛國愛鄉情懷顯得特別強烈。從節儉的向度來觀察，他們愛惜資源與物力，不糟蹋任何可以食用的東西，例如：酸菜、覆菜、蘿蔔乾、梅干菜……等，因為應景新鮮的青菜吃不完，就把它醃製起來，不但收藏較久，也可以節省物資，而不會暴殄天物。平日也將洗米的水、洗菜的水、洗衣服的水，留下來洗碗、澆菜澆花。可見先民生活簡樸，省吃儉用，不浪費任何可以利用的資源。

（三）晴耕雨讀

　　客家諺語上說：「一等人忠臣孝子，二件事耕讀傳家。」這是客家人自我期許，自我要求的生活境界，也是客家人用以勉勵子弟的座右銘，這兩句話淺近明白，無非是希望每個客家子弟都能做國家的忠臣，家庭的孝子。忠義家風所要表現的就是在家要做一個忠臣孝子，在做事上要戮力於讀書、耕田兩件事上。這是因為客家人長期的顛沛流離，使他們更加深刻的體會到故園的可愛、鄉土的芬芳，從而益發眷戀中原故土。客家人具有比較重視教育的族群特質，傳統的理想生活境界是「晴耕雨讀」、「孝友傳家」，客家人的傳統觀念，認為讀書才能識理、明志，才能有出息。客家諺語上也說：「養子毋讀書，像人畜條豬。」他們體認到因為家庭環境的困窘，使得自己無法就學的痛苦。並且認為一輩子的血汗，全部都要灌注在靠天吃飯的農地上，如果遇到天時不佳的蟲荒水旱，收成不好往往會影響全家的生計。因此一生辛勞的代價，都寄託在子孫的身上，即使再辛苦，也要咬緊牙關，鼓勵孩子要趁年輕，努力讀書，否則就像養一條豬一樣，只知飽食終日而無所事事，將來對國家社會毫無幫助。並且常常以諺語：「人爭一口氣，樹爭一層皮。」勉勵子女忍氣不如爭氣，就像樹爭脫一層皮一樣，才能夠昂首向上生長，所以人也要爭一口氣，力爭上游，認真讀書，以改善自己未來的命運，進而開創光明的未來。

（四）保存客語

　　德國哲學家萊布尼茲說：「語言是人類文化活動的紀念碑。」透過語言，可以了解族群的文化，發現族群的生活智慧、態度、哲學……，因此要保存文化，語言的遺失將是最大的障礙。根據歷史的記載，客家人不停的遷徙，造就了客家人艱苦、勤儉的生活習性。客

家人這種種生活習性，表現在語言裡，這類語句，包括客話成語、客家俗諺、師傅話等，一方面可以了解祖先的生活習性，一方面也是客家人的特色傳承。[7]「寧賣祖宗田，不忘祖宗言。寧賣祖宗坑，不忘祖宗聲。」是客家人琅琅上口的客家俗諺。這句客家俗諺，說明了祖先所遺留下的話語，是最寶貴的文化遺產，也是延續民族命脈的基石。因此，鼓勵每位客家子民，即使遇到山窮水盡的時候，寧可賣掉祖先遺下來的田地，也絕對不可以遺忘自己的母語，不但要好好保存，要將它傳承下去，並且加以發揚光大。在臺灣客家人目前所使用的母語，以嘉應州（梅縣）四縣和海陸豐二種腔調為主流，另外有饒平、詔安、大埔及東勢等多種腔調，應用的人較少。在多元化的現代，客家話是延續客家文化的當務之急。根據行政院客家委員會在一九九五年所統計，能將客家話琅琅上口的年輕人比例只有百分之十一點六，這些現象不禁令人憂心不已。有人說住在都會區的客家人，猶如隱形人，出外都說國語或閩南語，不敢說自己的家鄉話，怕被別人笑。長此以往，客家語快被其他語言所同化了，這的確是不容掉以輕心的嚴重問題。身為客家子孫，如何讓客家語復甦，是責無旁貸且刻不容緩的重要工作。

七　〈客家本色〉歌曲的人文價值

　　吟唱〈客家本色〉歌曲，我們能深切體認到客家人離鄉背井，到異鄉打拚的艱辛。先民們辛勤的耕耘，豐足我們的衣食，為我們編織絢爛的未來；先民們在這塊土地上披荊斬棘所流的血汗，灌溉了臺灣的沃野，潤澤了臺灣純樸的鄉土文學。他們猶如「燃燒自己，照亮別

7　林銘嬌：〈從帶有雞、猴的客家俗諺探觸客家人生活思想內涵〉，全球客家經貿平臺（2007年8月12日）。

人」的燭光，照亮臺灣的光明遠景，使我們可以在自由的天地馳騁；在文化的鄉土上，游息流連，安身立命。茲述〈客家本色〉歌曲的人文價值如下：

（一）敬天崇祖

臺灣客家人的信仰禮俗表現在許多不同的生活面向上，如祖先崇拜、神靈信仰、歲時祭儀、生命禮俗等。這些信仰行為，正反映了民眾敬天、崇祖、感恩、福報的內心祈願以及對於現世生活的期望。祭拜天公、土地公，目的是教人通過修心重德達到生命層次的昇華。臺灣客家傳統節慶的拜天公與拜伯公是「天人合一」的具體體現，除了體現人與自然協調外，更主要的是「天人合德」──就是「觀天道以應人道與天合德」，正如《周易・乾卦・文言》所說：「與天地合其德，與日月合其明，與四時合其序，與鬼神合其吉凶。」[8]孔子在《易經・乾卦》所說的這一段話，最足以說明人和天地鬼神的關係，這種天人感應的天命觀，一直影響中華數千年的歷史文化，更牽引著歷代人們的價值取向與人生態度。人們希望通過祭拜天地和神明等各種儀典，寄託美好的願望以滿足心理的需求，期許人們要效法天道的剛健運行與自強不息；像大地那樣以廣闊深厚的胸懷，承載萬物與包容天下。

（二）教孝感恩

歷代的祖先和生育、養育、教育我們的父母，都是我們生命的根源，代代相傳，綿延不斷。所謂倫理道德，就是孟子所說的五倫：

8　〔魏〕王弼、〔晉〕韓康伯注、〔唐〕孔穎達正義：《周易正義》〈乾卦〉〈文言〉（臺北市：藝文印書館，1998年），頁17。

「父子有親、君臣有義、夫婦有別，長幼有序，朋友有信。」[9]（《孟子・滕文公上》）強調五倫必須合禮才能名如其分，禮是調和人類倫理親情及社會道德的重要橋樑。就孝道而言，必須「生，事之以禮。死，葬之以禮，祭之以禮。」[10]（《論語・為政篇》）說明為人子女事奉父母，要冬溫夏清、昏定晨省，使父母衣食無虞，身體健康快樂；對於喪葬、祭祀的事，要不違背禮節，盡到哀戚之情與虔誠之敬意，才算合乎孝道的真諦。祭祖掃墳，可以讓後代的子孫了解，我們的生命是生生不息的，是上承祖先的命脈而來，因此要努力進德修業以承續香火，因此「慎終追遠」的喪禮、祭禮，正蘊含有移風易俗的教化作用，這就是文化。臺灣客家人祭拜阿公婆的禮儀形式，源自古代的祭祀禮儀，主要目的在發揮人們仁民愛物的天性，由人道之親愛親人，推而上之，及於尊重先祖，由尊重先祖擴而充之，至於尊敬宗族，繼而團結族人，推衍至重社稷、愛百姓，使得人人能安居樂業，最後一切終歸於禮樂和諧，政清俗美，這就是祭祀禮儀，所要達成之仁愛功能。

（三）積善成德

《周易・坤卦・文言》說：「積善之家，必有餘慶；積不善之家，必有餘殃。」[11]說明不論人們行善或是作惡，其吉凶禍福均是自己日積月累的行為所鑄成，這是儒家「積善成德」的觀點。如果人人行事都能誠信正直，做事光明磊落無愧於天，待人誠信無愧於人，那

---

9 〔宋〕朱熹：《四書章句集注・孟子集注》（臺北市：鵝湖出版社，1998年），頁259。

10 〔宋〕朱熹：《四書章句集注・論語集注》，頁55。

11 〔魏〕王弼、〔晉〕韓康伯注、〔唐〕孔穎達正義：《周易正義》〈乾卦〉〈文言〉，卷1，頁20。

整個人世間就充滿了溫馨和諧的風氣。客家諺語說：「但留方寸地，留與子孫耕。」先民世代以務農為業，每天早出晚歸，耕田又耕圃，做到兩頭烏。所以常常勉勵子孫做事要腳踏實地，做人要光明磊落，並且心存善念來待人接物。人們的心田，猶如農人種植的田地，要經過插秧、播種、除草、施肥等工作，才有豐收的一刻到來。因此人人要好好耕耘心田，讓這塊善心福地，不要受到紅塵的污染，要永遠保持赤子之心，更不可以做傷天害理的壞事，讓心靈的天空更寬廣亮麗。客家諺語說：「為老不尊，教壞子孫。」又說：「樹頭若企乎正，不怕樹尾做風颱。」這些諺語說明上樑不正，下樑歪的意涵。因此為人長輩，要以身作則，教導子孫做人要循規蹈矩，謹守本分，不可以為非作歹。並且規勸子孫做事要心存善念，頭頂青天，腳踏實地，去做好自己份內的工作，不要妄想一步登天，如此吃苦耐勞，盡忠職守，才可以開創璀璨光明的未來。可見先民用善知識引導子孫向光明的人生邁進，使他們在潛移默化中，能夠牢記庭訓，將來長大做個俯仰無愧、堂堂正正的客家人。

八　結語

　　〈客家本色〉歌曲內容堪稱臺灣客家移民的歷史縮影，生活的寫照，貼切描繪出客家傳統的文化精神與勤儉良善的美德。彰顯了客家先民困苦創業的艱辛路程，以及對後代子孫的殷切企盼。回顧從前種種，物換星移幾度秋。在有如萍聚的人生中，尋訪臺灣客家的歷史扉頁，先民用「喜、怒、哀、樂」譜出的生命組曲，令人有「醲肥辛甘非真味，真味只是淡」的感觸。客家先民因躲避戰亂四處遷徙，移居各地墾拓的時間較晚，所以只能佔據較為邊陲的丘陵山區地帶，發展出客家人獨特的山居文化。涂敏恆先生譜寫的〈客家本色〉，原本是

抒發客家先民從唐山渡海播遷到臺灣的心路歷程，只唱給客家人聽，後來大家傳唱，進升到主流音樂市場中發行，廣為流傳發揚到海外，讓移居到世界各國的客家人都能聆聽到代表客家心聲的歌謠。

印度著名詩人泰戈爾（Rabindranath Tagore, 1861-1941）的一首詩：「只有經過地獄般的磨煉，才有創造出天堂的力量。只有流過血的手指，才能彈出世間的絕響。」這首詩說明要有豐碩的成果，就一定要付出無比的勇氣與的代價，也只有歷經風霜，才能使自己的靈魂淬煉出鋼鐵般的勇氣與意志力。吟唱〈客家本色〉歌詞，讓我們體會到臺灣客家先民鋼鐵般的勇氣與毅力，落實因地制宜的「移民本色」，因而得以全然不同於中國原鄉的方式，打造了風貌殊異的客家新故鄉。而且一代傳一代，節儉辛苦也不會埋怨，也希望這總精神會一直一直傳承在客家族群裡，也強調了不要忘了祖先的辛苦、不要忘了祖先的教誨、不要忘了做個堂堂正正守本分的客家人。因此大家應該心懷感恩的心，感謝祖先的庇佑，讓我們能享受如此多的福澤。人人要知福、惜福，來發揚光大吃苦耐勞的客家精神，使客家人的生命力，能夠在有情天地中永續發展，綿延至千年萬代。

徵引文獻

〔魏〕王弼、〔晉〕康伯注、〔唐〕孔穎達正義：《周易正義》，臺北市：藝文印書館，1998年。

〔宋〕朱熹：《四書章句集注》，臺北市：鵝湖出版社，1998年。

古國順：〈客語的詞彙特色〉，臺北市：臺北市立教育大學授課講義。

林銘嬈：〈從帶有雞、猴的客家俗諺探觸客家人生活思想內涵〉，全球客家經貿平臺，2007年8月12日。

林曉平：〈客家文化特質探析〉，收錄入羅勇、林曉平、鍾俊昆主編：《客家文化特質與客家精神研究》，哈爾濱市：黑龍江人民出版社，2006年3月。

吳密察監修：《臺灣史小事典》，臺北市：遠流出版社，2012年。

何石松：〈從客語詞彙看客家文化之內涵〉，《客家語言文字與教育研討會論文集》，臺北市：臺北市民政局，1999年。

何石松、劉醇鑫編：《現代客語實用彙編》，臺北市：北市客委會2002年。

南　山：〈論客家文化意識〉，《客家民俗》，1986年第3、4期。

陳運棟編：《臺灣的客家禮俗》，臺北市：臺原出版社，1990年。

羅香林：《客家研究導論》，臺北市：南天書局，1992年7月。

謝淑熙：《臺灣客家禮俗文化新探索》，臺北市：萬卷樓圖書公司，2019年5月。

網路資源

文史資料——唐山過臺灣（https://blog.xuite.net/hhcjuliet/journal/8697596）。

維基百科：涂敏恆（https://zh.wikipedia.org/wiki/%E6%B6%82%E6%95%
8F%E6%81%86）。

臺灣文學網〈臺灣俗諺〉（web.pu.edu.tw/~chinese/txt/epaper/94epaper.../
a01.htm）。

行政院客家委員會（www.ihakka.net/hv2010/january/process.html）。

第九章
從客家山歌初探臺灣傳統客家婦女的社會地位

一　前言

　　臺灣客家鄉親原本居住在大陸中原一帶，至明末清初兩千多年間，由於內陸人口的膨脹，以及戰亂的因素，輾轉遷徙到廣東中部以及沿海地區，有些更飄洋過海至臺灣北部的桃竹苗地區，以及南部的高雄、屏東一帶墾殖荒地。目前全臺灣約有四百多萬人，起初先民都是依山而居，赤手空拳來開創自己的家園，以種植稻田、茶樹維生，所以養成吃苦耐勞、委屈求全的精神。他們流血流汗的辛勤耕耘，為後代子孫開闢了安身立命的鄉土家園；一枝草、一點露的耕讀精神，讓客家文化的薪火能夠永遠傳承下去。客家先民傳承客家獨特的文化，將豐富的生活經驗，與客家族群勤儉樸實的特質，經由智慧的結晶，運用客家語言，寫成啟人深省與教育意涵的民間通俗文學，這些作品，幾經社會的變遷、政治的更迭，仍是歷久不衰。

　　「客家山歌」是客家傳統歌謠中重要的一環，它是客家先民文化智慧的結晶，也是客家族群音樂美學的表現。顧頡剛說：「山歌的價值並不因作者而有所增減，它所反映的背景總是當時民間的情形，它所表現的文字也總是民眾的情緒與思想。不然，就不會流傳下來了。」[1]可見「客家山歌」是客家先民從地理環境中觸景生情，真情

1　顧頡剛：〈序〉，《山歌》（臺北市：東方文化出版社，1987年），頁4。

流露的表現。「客家山歌」的歌詞，不但內涵豐富，表現手法多樣，
而且具有鮮明的藝術特色。羅肇錦認為：「客家人是山的民族，是長
久以來都住在閩、粵、贛山區的山民，由於常住山區，久而久之養成
了保守寧靜、與世無爭的性格。成了樂山的仁者。」[2]從傳統山歌詞
中彰顯山的民族特性，客家人的文化意識、民俗民情、民族特性、倫
理道德等，大多融入或滲透在「客家山歌」中，所以「客家山歌」儼
然是客家人歷史文化的真實寫照。

二　客家山歌溯源

　　黃有東說：「客家山歌所有的優越性，在於它所承載的客家文化
的獨特性，而客家文化所以不同於其他民系文化的根本原因，又在於
客家文化的特有的『客』性和『山』性，以及『客』性和『山』性融
為一體綜合的創新鮮明特色。……客家人『客而家焉』和『擇山而
居』的特點，為客家山歌意境的營造和拓展提供優越的條件。」[3]由
此可知，客家人充分地利用山歌來表達客家人的思想、生活與感情，
從傳承的「客家山歌」旋律法與音樂性格中，體會客家殊異的風土。
「客家山歌」和客家先民的生活如此貼近，所以欲探析客家族群的文
化源流、淵源，經由與客家先祖生活息息相關的山歌，就不難追根溯
源了。茲略述客家山歌的起源如下：

2　羅肇錦：〈客家人的「山食」與「山言」〉，收錄於焦桐主編：《飯碗中的雷聲》（新
　北市：二魚文化事業公司，2010年），頁168。
3　黃有東：〈以兩個核心範圍『客』性和『山』看客家山歌的意蘊〉，《華南理工大學
　學報社會科學版》第6卷第3期（2004年6月），頁41。

（一）感情抒發說

　　客家人從大陸遷徙來臺，大半住在靠山的窮鄉僻壤，除了種田外，臺灣北部桃園、新竹、苗栗以及南部高雄和屏東的丘陵地區，以種植茶業為生。男女村民在種茶與採收茶葉的時候，頭戴著斗笠，穿梭在茶樹間，彎著腰以專注的眼神，俐落靈活的雙手栽種茶樹或採摘著嫩綠的茶葉，丟入背著的竹簍內。他們與大地一起呼吸，隨著時間的沉浮，不曾流露出絲毫的悲情，取而代之的是吟唱著客家山歌，高亢嘹亮的歌聲，如空谷回音，在山坡上盤旋著，常常以山歌對唱的方式彼此唱答，互訴傾慕之意。如：劉鈞章採編的客家採茶山歌：「摘茶愛摘嫩茶心，皮皮摘來鬥上斤；有情阿哥共下摘，兩人緊摘情緊深。」許常惠說：

> 民歌本身是通俗而大眾化的，它們被表現出來，往往不是為了娛樂他人，而是他們的生活本身，不是再現別人的感情，而就是他們自身的喜怒哀樂，甚至他們自身就是作曲家、演奏家和聽眾。[4]

可見，客家人通常以山歌或採茶歌泛指他們的民歌，「客家山歌」和客家先民的生活如此貼近，藉著山歌淋漓盡致的表達出內在的感情。

（二）高聲談話說

　　有時為了呼朋引友而哼出情歌，或為了與對山的朋友高聲談話，而變成歌聲等等，慢慢地形成所謂的山歌，而這也是客家民謠的一大特色。在這種地理環境和文化背景下產生了獨特的客家山歌。客家說

4　史惟亮：《論民歌》（臺北市：幼獅文化事業公司，1967年），頁6。

唱藝術在客家傳統音樂文化中占有重要的地位，它記錄了客家人的歷史、渡臺經過、社會事件及祖先留下來的訓誡等，說唱藝術包含說唱和樂器的演奏，是一種極為困難的技能。胡適之博士推崇清末嘉應大詩人黃遵憲先生（1848-1905），提倡白話文學「我手寫我口」的主張，完全得力於客家山歌上面。[5]黃遵憲《人境廬詩草》錄有客家山歌：

> 買梨莫買蜂咬梨，心中有病沒人知。因為分梨故親切，誰知親切轉傷離。催人出門難亂啼，送人離別水東西；挽水西流想無法，從今不養五更雞。

客家說唱藝術流傳至今至少有一百多年的歷史，由於它不受時空的限制，亦不因時代的變遷而消失，因此它的功能性與價值性是值得肯定，說唱藝術不僅是客家音樂文化的重要資產，也是客家語言藝術化的最高表現。臺灣客語說唱，是指清末民初正式出現在臺灣，流行於客家聚落的民俗曲藝，也是臺灣客家民間文學、客家音樂、戲曲藝術的綜合體。

（三）勞動說

客家山歌之所以風行於客家地區，是因為客家男女自古在山野田間勞作，在長期的辛苦勞作中為表達情意，或宣洩情緒，逐漸形成了朗朗上口的曲子。同時，舊時客家地區沒有其他較為完備而普遍的民眾娛樂方式，故唱山歌這種大眾化的娛樂受到了客家男女的喜愛。此外，在客家社會裡，受到禮教嚴格束縛的人們到了山間就好像精神得

5　陳運棟：《客家人》（臺北市：聯亞出版社，1983年），頁211。

到了解放，久而久之，唱山歌便成了客家人表達輕鬆愉悅情緒的一種重要方式。黃遵憲說：

> 十五國風妙絕古今，正以婦人女子矢口而成，使學士大夫操筆為之，反不能爾。以人籟易為，天籟難學也。余離家日久，鄉音漸忘，輯錄此歌謠，往往搜索枯腸，半日不成一字，霞念彼岡頭鉛尾，肩挑一搬，覺日往複，歌聲不歇者，何其才之大也！[6]

客家山歌不但是渾然天成的天籟之音，而且可以說是神來之歌，無論是言情、言理、言事、言物，凡舉目所見，思慮所至、心理所感，無一不是山歌的材料，順口可唱，拈來即成。[7]可見客家山歌不僅具備了以上的特點，能世世代代傳唱的歌，它必然是融入常民的生活中，而且也是普遍被接受的曲調。山歌由來說法不一，有多種多樣，但都是離不開我們客家勞動人民的智慧。人類只有勞動和語言的交流就會自發的產生歌謠自娛自樂。客家山歌包括：勞動歌、勸世歌、行業歌、耍歌、時政歌、儀式歌、情歌、生活歌、兒歌和猜調、小調、竹板歌等等，旋律優美。

三 臺灣客家山歌分類

臺灣桃、竹、苗地區是客家人居住的大本營，這裡流行傳唱著客家的「老山歌、山歌子、平板」等三種重要且具代表性的山歌曲調，

---

6 黃遵憲著、錢仲聯箋注：《人境廬詩草》（上海市：上海古籍出版社，1999年12月），頁54-55。

7 陳運棟：《客家人》（臺北市：聯亞出版社，1983年），頁212。

被稱為客家的三大調，演唱時多是透過即興來填詞，但歌者必須先掌握客家語言的基礎，再將唱詞的聲韻與唱腔作自然緊密結合，方能做到「以字行腔、腔隨字轉」的生動氣韻。[8]

　　客家的山歌種類繁多，內容豐富，素有「九腔十八調」之稱[9]，茲依客家人的傳統說法，說明如下：

（一）依山歌曲調分

　　依據陳運棟先生的分類[10]：

1. 老山歌：又叫作「大山歌」或「老調山歌」，是客家民謠中最古老最原始的一種曲調。它是一種曲牌的名稱，而不是指固定的某一首歌詞。曲調悠揚、豪放、節奏流暢自由。

2. 山歌子：又稱「山歌指」，是由老山歌演變而來，也是一種曲牌的名稱，而不是指定的某一首歌詞。

3. 平板：又稱「改良調」，是由「老山歌」、「山歌子」改變而來。也是山歌由荒山原野，慢慢走進茶園、家庭、戲院的產物。也是指一種曲牌而不是指固定的某一首歌詞。

4. 小調：亦稱「小曲」，有的流傳在特定的地區，有的甚至普遍到全國。

臺灣的客家山歌調，其發展就地理上而言，可區分為南北兩個區域。

8　胡泉雄：《客家民謠與唱好山歌的要訣》（臺北市：育英出版社，1981年），頁45。

9　許常惠：《臺灣音樂史初稿》：「『九腔』指北部客家人住的九個不同地區所產生的不同方言腔唱調。『十八調』是指十八個不同曲調，如下：『平板』、『山歌子』、『老山歌』、『病子歌』、『初一朝』、『懷胎曲』、『十八摸』、『苦力娘』、『送金釵』、『思戀歌』、『洗手巾』、『剪剪花』、『陳士雲』、『上山採茶』、『瓜子仁』、『跳酒』、『桃花開』、『十二月古人』。」（臺北市：全音樂譜出版社，1991年），頁149。

10　陳運棟：《客家人》（臺北市：聯亞出版社，1983年），頁225。

北部包含桃、竹、苗地區，南部則為六堆地區，包含高雄美濃、屏東的麟洛、高樹、內埔、佳冬等地。由於地理的區隔，因此南北客家山歌調，呈現不同的特色。北部地區的客家山歌調，受到傳統戲曲的影響，在傳統戲曲中，往往將客家山歌調，加以改編、加工，並且大量的吸收了外來的小調，使得北部的客家山歌調，呈現多樣化的色彩。而客家南部地區的客家山歌調，由於地理環境較為封閉，因此客家山歌調保存了傳統的風貌，較少創新。

（二）依山歌內容分

依據楊兆禎教授分類：[11]

1. 愛情類：送金釵、桃花開。
2. 勞動類：挑擔歌、撐船歌。
3. 消遣類：美濃山歌調、下南調。
4. 家庭類：病子歌、初一朝。
5. 勸善類：勸世文。
6. 故事類：十二月古人。
7. 相罵類：撐渡船。
8. 嗟嘆類：五更歌、苦力娘。
9. 盼望類：寶島臺灣。
10. 飲酒類：賣酒歌
11. 愛國類：縱軍歌、馬燈調。
12. 祭祀類：誦經調。
13. 催眠類：催眠曲。
14. 戲謔類：補缸。
15. 安慰類：擔竿上肩減兜垓。

---

11 楊兆禎：《客家民謠九腔十八調的研究》（臺北市：育英出版社，1974年），頁5-8。

16.歌頌自然：山野之歌。

17.生活類：送郎哥、過新年。

客家山歌因為屬於即興歌曲，所以若依歌詞的內容來分類，則言人人殊，各有各的主張與見解。[12]楊兆禎教授將客家山歌作了較詳盡的分類，十七類各有代表的山歌，也有大家耳熟能詳的歌曲。臺灣客家「山」居生活雖然辛苦，從操持家務、耕田勞動、上崗砍柴、上山採茶等工作環境，客家人不分男女均須分擔耕山、耕田的勞動、都在山歌中呈現出來。茲舉梁煥波先生採編的客家山歌挑擔歌為例：

> 挑啊挑啊挑啊挑，腳穿草鞋
> 挑啊挑，挑盡了幾多坎坷路啊
> 挑盡了幾多樹山排。

> 我沒所在，米穀要錢銀買
> 我也沒大瓦屋喔，草寮勉強住
> 一群大小要靠我的兩肩挑。

> 挨啊挨啊挨，挨過了幾多風霜日啦
> 踏過了幾多雪水泥，子兒長大
> 挨過了草鞋換皮鞋，挨過有洋樓待。[13]

上述挑擔歌，是一首描寫挑夫（挑鹽、挑米等）翻山越嶺勤快辛苦工作情形的小調，由於挑夫走路的步伐比較快捷，而老山歌的節奏比

---

12 陳運棟：《客家人》（臺北市：聯亞出版社，1983年），頁227。

13 公共電視臺「客家人客家歌」，挑擔歌（http://web.pts.org.tw/~web02/hoga/p1.htm）

較舒緩，為了能夠配合腳步邊走邊唱，所以後來就把老山歌改編成節奏比較輕快而有力的挑擔歌。在老山歌的發展過程中，也對小調產生影響，好比在客家小調裡有一首「挑擔歌」便是由老山歌演變過來的小調。[14]「老山歌」是客家民謠中最古老的一種曲調，在古時候是這一座山的人唱給那一座山的人聽的歌。客家有句諺語：「寧賣祖宗田，莫忘祖宗言；寧賣祖宗坑，莫忘祖宗聲」，所謂的祖宗聲，就是傳唱百年以上的客家系民歌。

　　綜上所述，可見面對「山」裡的艱困工作環境裡，「唱山歌」卻有轉換工作為休閒心境的舒壓功能。客家人從大陸南遷至臺灣，落腳之地，都是荒山原野，披荊斬棘，寫下客家人奮鬥的血淚史。並且把內心的喜怒哀樂，藉著歌聲來發抒，後來為了配合挑擔、砍樹、挖地、撐船等的勞動而哼出曲調。[15]客家地區，自古以來就盛行山歌，不僅獨具特色，客家人也充分地利用山歌來表達客家人的思想、生活與感情，從傳承的「客家山歌」旋律法與音樂性格中，體會客家殊異的風土，因為客家山歌明顯的具備了這樣的特性和條件。「客家山歌」不僅具備了以上的特點，能世世代代傳唱的歌，它必然是融入常民的生活中，而且也是普遍被接受的曲調。

四　解讀〈客家好姑娘〉山歌

　　「客家山歌」的歌詞，不但內涵豐富，表現手法多樣，而且具有鮮明的藝術特色。客家人的文化意識、民俗民情、民族特性、倫理道德……等，大多融入或滲透在「客家山歌」中，所以「客家山歌」儼

---

14 客家歌謠──臺北市客家文化主題公園客家歌謠（https://ssl.thcp.org.tw/libraries/songs/62）。

15 陳運棟：《客家人》（臺北市：聯亞出版社，1983年），頁209。

然是客家人的歷史文化真實寫照。山歌之所以風行於客家地區，因為
客家男女自古在山野田間工作，在長期辛苦的工作中，為表達情意，
或宣洩情緒，逐漸形成了朗朗上口的歌曲。〈客家好姑娘〉這首山歌
所描寫的內容，可以說是臺灣早期客家婦女一生的寫照。從〈客家好
姑娘〉山歌中，理解客家人安身立命的憑藉是什麼？就是堅忍、勤
儉、吃苦、耐勞的人生哲學。

（一）〈客家好姑娘〉山歌歌詞

> 勤儉姑娘，雞鳴起床。梳頭洗面，先煮茶湯。
> 灶頭鍋尾，光光昌昌。煮好早飯，剛剛天亮
> 灑水掃地，挑水滿缸。吃完早飯，洗淨衣裳。
> 上山撿柴，急急忙忙。淋花種菜，燉湯熬漿。
> 紡紗織布，唔離房間。針頭線尾，收拾櫃箱。
> 唔說是非，唔取荒唐。愛惜子女，如肝如腸。
> 留心做米，無穀無糠。人客來到，細聲商量。
> 歡歡喜喜，撿出家常。雞蛋鴨卵，豆豉酸薑。
> 有米有麥，曉得留糧。粗茶淡飯，老實衣裳。
> 越有越儉，唔貪排場。就無米煮，耐雪經霜。
> 撿柴出賣，唔蓄私囊，唔偷唔竊，辛苦自當。
> 唔怪丈夫，唔怪爺娘。此等婦人，正大賢良。
> 人人說好，久久留芳。能夠咁樣，真好姑娘！

（二）〈客家好姑娘〉山歌詞意解析

1 歷史沿革

　　〈客家好姑娘〉是一首流行於廣東省惠州市惠陽區的客家話通俗

歌曲，作詞者陳林良先生、作曲者潘海兵先生。一首以客家山歌融合流行音樂元素的作品，不僅成就了潘海兵先生的藝術生命，更讓客家的傳統山歌以新的形式再次流行。

在一九三三年，羅香林先生在《客家研究導論》書中寫道：「客家婦女，在中國，可說是最艱苦耐勞，最自立自重，於社會，於國家，都最有貢獻，而最足以令人欽佩的婦女。」又說：「客家婦女的生活是勞動的，她們的職業是生產的，她們的經營力甚大，而自身的享受卻是非常菲薄的，客家家庭的支柱是婦女，其在社會經濟活動中，亦占一重要的角色，種種舊經濟組織的內容，她們均能瞭如指掌。」[16]說明客家婦女在長年累月的社會實踐中，鍛鍊了她們特有的勤儉、刻苦和堅韌的性格以及特強的生活能力。

十九世紀在福建客家地區居住多年的美國傳教士羅伯特・史密斯（Robert Smith）曾發表一篇關於〈中國客家〉一文上對客家女性諸多讚嘆說：「客家婦女真是我所見到的任何一族婦女中最值得讚嘆的了。在客家的社會裡，幾乎可以說，一切稍微粗重的工作，都是屬於婦女們的責任。客家婦女對她們的丈夫都是非常尊敬和順從的，客家婦女除刻苦耐勞、尊敬丈夫是她們的美德外，聰穎熱情和在文化上的成就也是值得可佩的。」[17]說明客家婦女溫柔順從的性格可說是很典型的，許多婦女的丈夫遠走他鄉謀生，一走多年或無錢贍家，但她們都能獨當一面，養育老小，維持生計，更可貴的是毫無怨言，看成是自己的本分和義務。

16　羅香林：〈第七章　客家的特性〉，《客家研究導論》（臺北市：南天書局，1992年），頁241。
17　蘇兆元：〈國際人士心目中的客人〉，《中原文化叢書》第四集，頁109。

2　詞意解析

　　從這首客家山歌中，我們看到了客家婦女勤勞能幹，也看到了在封建社會下，人們對於客家婦女「四德」的要求：歌詞中所謂「唔說是非，唔取荒唐。」此句是規勸婦女要謹言慎行、溫柔賢淑，以孝順公婆、相夫教子為天職，這是「婦德、婦言」[18]的要求；歌詞中所謂「老實衣裳」是指穿著要樸素端莊，這是「婦容」的要求；歌詞中所謂「針頭線尾」、「灶頭鑊尾」是指婦女要學會燒飯煮菜、縫紉衣服等技巧，這是「婦功」的要求。歌詞中所謂「灶頭鍋尾」，就是指燒飯煮菜、調製羹湯、審別五味，樣樣都能得心應手，學就一手烹飪技巧，並且須割草打柴以供燃料的意思。所謂「針頭線尾」，就是對縫紉、刺繡、裁補、紡織等女紅，件件都能動手自為的意思。[19]按照客家傳統習俗，只有學會了這些婦功，才算是能幹的、合格的、標準的女性，才能嫁個好丈夫。民間歌謠〈客家好姑娘〉，很生動而又具體地反映了這一習俗。不僅是當地人民喜怒哀樂、愛憎好惡等思想感情的抒發，也是客家婦女的社會生活、風俗習慣的一種真切體現。

　　客家諺語：「學會三尾好嫁人。」客家話中三尾指「針頭線尾」、「灶頭鑊尾」以及「田頭地尾」。意即女孩子未出閣前，在父母家，必須先學會三尾。將來嫁人後，首先要先能夠縫補衣裳、繡花做鞋等女紅。其次還能夠燒火煮飯，烹調膳食等事。再次，也要能夠操作農事，鋤田耕種等。三尾學好，便是好兒女之謂[20]。正說明了客家婦女具備了傳統賢淑的美德，是勤勞節儉、任勞任怨的典型。她們成功的扮演為人母、為人妻、為人媳的稱職角色，對全家人無怨無悔的付

18　《禮記・昏義》：「教以婦德、婦言、婦容、婦功。」古代特別重視婦女的四德。

19　陳運棟：《客家人》（臺北市：聯亞出版社，1983年），頁19。

20　徐運德編：《客家諺語》（苗栗縣：中原週刊雜誌社，1993年），頁127。

出，猶如春暉般耀眼迷人，溫暖了全家人的心，更照亮了家庭中的每一個角落。從傳統客家婦女的身上，我們學習到了謹守本分與承擔責任的處世態度，一路走來，始終如一的精神，令人歎為觀止。

五　臺灣傳統客家婦女的地位

客家文化的體認與表現，主要落實在儒家文化，所以客家人崇祖先、重教育、孝順與良善。而這些客庄婦女的故事，更彰顯出一種樂觀積極面對人生的態度。客家婦女集中體現了客家人刻苦耐勞、勤儉樸實、堅毅頑強、自立自強、聰明進取等優秀品質與精神。當然，在客家婦女勤勞勇敢、聰明善良的背後，還有著令人同情、惋惜的一面，與封建社會其他婦女一樣，她們許多人也同樣受到種種不平等的待遇。茲述從客家山歌探析臺灣傳統客家婦女的地位：

（一）家庭地位：溫良賢淑，克己復禮

臺灣傳統客家婦女從嫁作人婦開始，就像兩頭燒的蠟燭，辛勤地在操持家務，清晨在天剛破曉時分，就要離開溫暖的被窩，到廚房準備全家人的早餐，打理好廚房的工作，就要灑掃庭除，餵食家禽、家畜。然後背著一竹籃全家人換洗的衣服，到溪邊或河邊洗滌衣服，客家山歌曰：「川溝洗衫趕水鮮，竹篙晒衣趕晴天，魚子上攤趕水急，阿哥戀妹趕後生。」可見客家傳統婦女的辛勞。在此起彼落的搗衣聲中，夾雜著婦女們叨叨絮絮的話語家常，以舒緩一下緊繃的心弦，這種場景也是客家村莊中與眾不同的風貌。如果遇到「春耕、夏耘、秋收、冬藏」的農忙時期，也要加入田園的工作。在農閒的時候，就要上山砍柴，捆綁成一個個的草結，以方便大灶生火使用。茲舉〈挑擔歌〉為例：

挑啊挑啊挑啊挑，腳穿草鞋。挑啊挑，挑盡了幾多坎坷路啊！挑盡了幾多樹山排。我沒所在，米穀要錢銀買。我也沒大瓦屋喔，草寮勉強住。一群大小要靠我的兩肩挑。挨啊挨啊挨，挨過了幾多風霜日啦！踏過了幾多雪水泥，子兒長大。挨過了草鞋換皮鞋，挨過有洋樓待。

由於田園稀少，土地貧瘠，謀生不易，因此男人們多數遠走他鄉，出外營生。於是種田、家務事、教育小孩、紡織等要婦女分擔，既要料理家務，照顧老小，又要出門幹活，舉凡上山砍柴、下地耕種均一肩承擔，形成「男外出，女留家；男工商，女務農」互補型的家庭模式。她們在狹窄的山溝里翻挖田地，終日勞作，真是辛苦。

孟子說：「女子之嫁也，母命之，往送之門，戒之曰：『往之女家，必敬必戒，無違夫子！』以順為正者，姜婦之道也。」（《孟子·滕文公下》）客家人受到儒家思想的影響，傳統客家婦女對丈夫是非常尊重和順從的。在客家婦女心目中，丈夫是家庭中的支柱。客家山歌曰：「一寸光陰一寸金，勸哥莫為妹分心，創業年華莫虛度，惜妹更愛惜光陰。」說明男女一旦成為正式夫妻，客家婦女便全力支持丈夫的事業，畢生辛苦而毫無怨言，稱得上是賢內助。客家山歌曰：「恩愛相處兩相安，和氣家中少禍端，同甘共苦好度日，雖然貧苦也溫暖。」當丈夫遇到困難時，做妻子的便主動為丈夫尋找解決的辦法，找出問題的癥結。當丈夫處於緊急關頭時，做妻子的更是挺身而出，分擔丈夫的壓力，在精神上給予丈夫全力的支持。客家婦女為了保護家庭中的支柱，以家庭和樂為原則，所以對丈夫包容體貼、支持理解，以至寬容忍讓、盡力合作、溝通協調，這是她們溫良賢淑、克己復禮的表現。她們的犧牲奉獻、無怨無悔的精神，也是客家人傳統婚姻比較穩固的原因之一。

（二）經濟地位：操持家務，任勞任怨

　　勞動的形象是客家婦女的一大特色，北臺灣的客家聚落分布地區，其代表性的產業，例如：新竹的茶業、苗栗地區的蠶絲業及帽蓆業，客家婦女投入相當多的人力。在農村工業化前，這些產業也為過去的客家婦女——農村中的隱藏性失業人口提供很好的工作機會，客家婦女經濟能力與經濟地位也隨之改變。[21]在鄉村中耕田種地的、上深山去砍柴的，乃至建築屋宇時的粗工、灰窯瓦窯裡做粗重工作的，幾乎全都是女人。她們做這些工作，不僅是能力上可以勝任，而且在精神上非常愉快，因為她們不是被壓迫的，反之，她們是主動的。茲舉花蓮詩人葉日松先生〈緊工時節介阿爸阿姆〉詩為例：

> 緊工時節介阿爸阿姆，像留聲機、像收音機、像風車、像機器桶，一日到暗轉冇停。
> 緊工時節介阿爸阿姆，從田塍到禾埕，走上走下，汗珠像落水，一儕管割禾，一儕管曬穀。
> 緊工時節，阿爸忙蒔田，阿姆煞猛來挑秧，出門擎燈火，入門帶月光。
> 緊工時節，係農人耕耘介時節，也係收成介時節，係阿爸阿姆功課最冇閒介時節，也係佢兜最快樂介時節。

「清明前，好蒔田；清明後，好種豆。」這個諺語，就是在說明清明節前，春風解凍，雨水充足，是種田的好時機；清明節後，大地滋

---

21 何素花：〈採茶婦女——客家勞動婦女的一個面相〉，賴澤涵主編：《客家文化學術研討會論文集——語言、婦女、拓墾與社區發展》論文集（新北市：行政院客家委員會，2002年12月），頁495-534。

潤，天清氣朗，就可以種植豆類。客家庄犁田、插秧、挲草、割稻，都是群體參與，緊工時節（農忙時節）該下，不管是耕耘期的蒔田（插秧）、挲草（除草），還是收成期的割稻、曬穀，客家族群男女分工或鄉里親人間互相「交工」，是非常盛行的工作方式，這也是消耗體力的重活，因此上下兩晝（天），農婦必備點心，挑到田埂上，給大家分享。一來補充體力，二來稍作休息。所謂飯做力，填飽肚子才有體力工作。早季耕作較寒冷，以黏性糯米做的糍粑為主，糯米黏稠有黏補禾頭的含意。而二季較炎熱，收割或插秧，以米苔目或綠豆湯作為點心，工作稍息，大家不嫌品味一起享用。「挨礱丕泡」，是說明先民在收割稻穀後，將稻穀碾製成純白的精米，然後磨成米漿，炊製成客家人愛喜愛吃的各種粄粿的勞動過程。挨礱丕泡，打粄唱歌，雖辛苦而快樂[22]，以慰勞大家一年來的辛勞，並且訓勉子弟們「一粥一飯，當思來處不易；半絲半縷，恆念物力為維艱。」的道理。農民耕耘雖然辛苦，但卻蘊涵著豐收的喜悅，借著歌聲來傳遞謝天謝地的情懷。在充滿和樂慶祝豐收的客家勞動歌中，大家享受含淚播種，歡呼收割的美好時刻。

「逢山必有客」，客家族群因山居食材取得不易與惜福的生活觀，研發出各種醬料名菜，除了下飯、易保存外，也盡情利用生活周遭取得的菜蔬水果，隨著年節、四季盛產的山林產物的變化，從菜餚到點心零食，從主食到粄類，創造出客家多元的吃食文化。從節儉的向度來觀察，客家婦女愛惜資源與物力，不糟蹋任何可以食用的東西，例如：酸菜、覆菜、蘿蔔乾、梅干菜……等，因為應景新鮮的青菜吃不完，就把它醃製起來，不但收藏較久，也可以節省物資，而不會暴殄天物。為了配合頻繁的遷徙及保存食物與多元利用，勤儉的客

---

22 何石松：〈民俗傳說〉，《客諺一百首》（臺北市：五南圖書出版公司，2003年），頁208。

家人，發明出各式各樣的醃漬品，從蔬菜、魚肉、醬料、紅麴、乾燥食材等，像菜脯、鹹菜乾等皆為客家人常吃的食品。同時客家族群也善用自然資源，創造出大量佐料醬料，如以酸桔子加工做成桔醬，具有濃郁果香的味道，可平衡客家菜原有的油膩感，也減少調味料的消耗。至於年節季節變化發展出的副食品及零食、粄仔，亦處處反映了客家族群勤奮堅苦、刻苦耐勞的生活哲學。[23]

（三）生活地位：孝敬公婆，深明大義

　　客家婦女吃苦耐勞，能獨立門戶，還剛中有柔，溫柔賢慧，包含了「孝順公婆」、「敬重丈夫」、「疼愛子女」等內容。客家人向有孝順父母的傳統，把「孝」字作為一條重要的做人準則。「孝敬」兩字，重點放在「敬」字上。作為一個媳婦怎麼樣才算「敬」呢？做媳婦的對公婆要做到不頂撞、不反駁，更不能與其發生爭吵。發揮了孔子所說：「事父母幾諫，見志不從，又敬不違，勞而不怨」（《論語・里仁》）的精神。如果公婆有不對的地方，要和顏悅色柔聲耐心為他們解釋，並且深明大義，依舊敬重公婆，等待適當的時機，在委婉勸說，期盼他們能改正。節錄〈勸世文〉所述為例：

> 父母恩情似海深，人生莫忘父母恩；
> 兄弟本是同根生，莫因小事起爭論；
> 生兒育女循環理，世代相傳自古今；
> 手足之情誠可貴，萬事皆念骨肉親；
> 為人子女要孝順，不孝之人罪孽深；
> 人生難得兄弟愛，同心協力變成金；

---

23 文字來源：「客家美食嘉年華」（http://www.ihakka.net/2006food/index.htm）。

家貧方能出孝子，鳥獸尚知哺乳恩；
謙讓尊敬情意長，天倫之樂喜融融；
父子原是骨肉親，爹娘不敬敬何人；

百善孝為先，孝順父母是天經地義的事，友愛兄弟，全家人和睦相處，家和萬事興。客家山歌曰：「十月懷胎娘艱辛，食娘血脈養兒身；父母便是生身佛，敬老勝過拜觀音。」又歌曰：「人生渺渺在世間，百善基本孝為先，用心計較般般錯，退步思量命由天。」此首為山歌，奉勸人生在世應及時行孝，對父母與公婆要尊重，由於長輩所處的時代和社會條件不同，因此看問題的方式，常會與晚輩意見不同。為人子媳不要與他們計較，「忍一時風平浪靜，退一步海闊天空」。在勸世文歌詞中，用樸實的語言，道盡了人生孝敬忍讓的哲理。

客家山歌曰：「奉勸世間大家人，愛知父母大恩情，自己爺娘毋孝敬，如何世間來做人。」客家婦女對其公婆的生活也是無微不至地關懷與照顧。如遇公婆生病，客家媳婦不但要噓寒問暖，而且還要不辭辛勞地上山挖藥根、熬製湯藥，不眠不休的照顧公婆，絲毫無怨言。客家山歌曰：「人生在世善為先，大家愛來學聖賢；善惡分明終有報，好人一定出頭天。」孝敬父母是客家人之美德，更是客家文化的優良傳統。孝是我們內心美好的情感的自然流露，孝順父母是一個人最大的善行。臺灣已於一九九三年步入高齡化社會，對於老人的照顧與孝養問題，是不容忽視的。科技越來越發達，交通工具越來越便捷，是什麼阻擋了為人子女回家的腳步，是工作的繁重，是生活的壓力，讓現代人的「孝心」越來越心有餘而力不足，別忘了「樹欲靜而風不止，子欲養而親不在」，父母在也時未能孝養，等到父母去世，就為時已晚了。

（四）文化地位：聰穎能幹，健康和樂

　　客家婦女從宋末以後，就沒有纏足的風尚，所以行動操作，矯健靈活，於是客家婦女，個個都有「健婦」的美譽。客家山歌曰：「身體健康靠自己，錢財毋好人比，有人財多身毋健，三餐食無半碗米。」這首山歌，強調身體健康勝過萬貫家財的道理。傳統客家人對女兒的教育，注重所謂「家頭教尾」、「田頭地尾」、「灶頭鍋尾」和「針頭線尾」四項婦工。[24]客家人安身立命的憑藉是什麼？就是堅忍、勤儉、吃苦、耐勞的人生哲學。客家山歌曰：「人生在世幾十年，勞勞碌碌過一生，幾多錢銀無賺到，心存善念無怨言。」說明人生在世一生勞碌，即使無法大富大貴，但是若能心存善念，也就坦然無怨言了。句中「勞勞碌碌」的重疊詞，可以說是客家婦女一生辛勞忙碌的寫影。

　　客家婦女的賢良還表現在對子女的疼愛與教育上。客家諺語上也說：「養子毋讀書，像人畜條豬。」她們體認到因為家庭環境的困窘，使得自己無法就學的痛苦。因此一生辛勞的代價，都寄託在子孫的身上，即使再辛苦，也要咬緊牙關，鼓勵孩子要趁年輕，努力讀書。並且常常以諺語：「人爭一口氣，樹爭一層皮。」勉勵子女忍氣不如爭氣，就像樹掙脫一層皮一樣，才能夠昂首向上生長，所以人也要力爭上游，認真讀書，進而開創出光明的未來。客家婦女對子女極其愛憐，為讓孩子長命百歲，經常在孩子出生時，便到觀音廟中許願祈福，祈求孩子平安健康長大。為了把孩子教育成能適應各種艱苦環境的人，客家婦女總是耐心地教導他們各種生活技能，培養他們吃苦耐勞的精神與毅力。客家人是個遷徙的族群，由於長期生活在困苦的環境中，深知要改變現狀，最好的辦法就是讀書，求取功名以出人頭

---

24 陳運棟：《客家人》（臺北市，聯亞出版社，1983年），頁19。

地。臺灣客家人在戰後六十年來，能夠憑其對教育的重視，以較高的教育成就來改善其社經地位，即是最好的寫照。

美國傳教士羅伯·史密斯在其所著的《中國的客家》一書中，讚不絕口地說道：「客家婦女，除了刻苦耐勞和尊重丈夫外，她們的聰明熱情和文化上的進步，也是使我們羨慕。她們，是漢族女性中唯一沒有纏過足的一支。她們，用一雙堅韌的手臂，擔起理家耕作的重擔。她們，千百年來，用勤勞、質樸和賢德哺育了一代代客家兒女。」[25]日本人山口縣造在《東洋雜誌》上發表他所著的〈客家與中國革命〉一文上也說：「客家婦女的溫柔順從是健康的，因為她們都能夠獨立生活，她們這樣的美德作法，那純然是出於真摯的愛心，和對丈夫傳統崇敬精神的養成而來。」[26]從以上兩位外國人的讚譽，可以看出，客家婦女為了保護家庭的安和樂利，對丈夫的體貼支持，對公婆的孝敬，對子女的教養，對家事的操勞等，這是她們聰穎能幹，健康和樂的表現，她們的犧牲奉獻，成為家庭健全發展的原動力，令人動容與敬佩。

六　結語

追溯先民在臺灣開疆拓土的跫音，像輕叩窗櫺的細雨，不斷撥動著每個鄉親的心弦，他們用全部的生命，來耕耘家鄉這塊土地。一道感情的洪流，撞擊人們顫動的心扉，幻化成「人生有情淚霑臆」的生動故事與傳唱的歌謠；他們奮鬥努力的悲歡歲月，又像涓滴不停的細流，流入鄉親的心扉深處，凝結成感人肺腑的客家山歌。從〈客家好姑娘〉這一首山歌中，我們看到客家諺語——四頭四尾，是傳統客家

---

25 蘇兆元：〈國際人士心目中的客人〉，《中原文化叢書》第4集，頁109。
26 同上註。

人對婦女的要求，家教與行為道德規範的制約，以此作為教導客家女子日後準備為人媳、為人妻、為人母的職責內涵。她們千百年來，用勤勞、質樸和賢德哺育了一代代客家兒女。為求家人的溫飽而奔波勞碌，外表柔弱而內心堅毅，譜寫著客家文明最為動人的傳奇！

　　走過傳統文化的蹊徑，迎向科技文明發達的廿一世紀，傳統客家婦女的形貌已成為外國人筆下「中國最優美的勞動婦女典範」。傳統客家婦女，一生所扮演含蓄溫婉與世無爭的淒美角色，以及任勞任怨、無怨無悔的精神，恰似澎湃的浪潮，衝擊著人們悸動的心弦，不禁令人感同身受而潸然淚下。驀然回首，這一切歷歷往事，隨著男女平權時代的變遷，已奏下休止符，也漸漸成為客家鄉親塵封的歷史記憶。從傳統客家婦女的身上，我們學習到了謹守本分與承擔責任的處世態度，一路走來，始終如一的精神，令人歎為觀止。也慶幸自己身為現代的客家婦女，可以擺脫家庭如此多的枷鎖，更可以努力追尋自己理想的人生目標。先民們辛勤的耕耘，豐足我們的衣食，為我們編織絢爛的未來；先民們在這塊土地上披荊斬棘所流的血汗，灌溉了臺灣的沃野，潤澤了臺灣純樸的鄉土文化。因此大家應懷著感恩的心，知福、惜福，來發揚光大吃苦耐勞的客家精神，使客家人的生命力，能夠在有情天地中永續發展，綿延至千年萬代。

參考文獻

專著書籍

史惟亮：《論民歌》，臺北市：幼獅文化圖書公司，1967年。

何石松：〈民俗傳說〉，《客諺一百首》，臺北市：五南圖書出版公司，
　　　　2003年。

徐運德編：《客家諺語》，苗栗縣：中原週刊社出版，1993年。

許常惠：《臺灣音樂史初稿》，臺北市：全音樂譜出版社，1991年。

胡泉雄：《客家民謠與唱好山歌的要訣》，臺北市：育英出版社，1981
　　　　年。

陳運棟：《客家人》，臺北市：聯亞出版社，1983年。

楊兆禎：《客家民謠九腔十八調的研究》，臺北市：育英出版社，1974
　　　　年。

曾喜城：《臺灣客家文化研究》，臺北市：國立中央圖書館臺灣分館，
　　　　1999年。

劉鈞章採編：《苗栗客家山歌賞析》，苗栗縣：苗栗縣立文化中心，
　　　　1998年。

羅香林：《客家研究導論》，臺北市：南天書局，1992年7月。

蘇兆元：〈國際人士心目中的客人〉，《中原文化叢書》第4集。

黃遵憲著、錢仲聯箋注：《人境廬詩草》，上海市：上海古籍出版社，
　　　　1999年。

單篇論文

何素花：〈採茶婦女──客家勞動婦女的一個面相〉，收入賴澤涵主

　　編：《客家文化學術研討會論文集——語言、婦女、拓墾與社區發展論文集》，新北市：行政院客家委員會，2002年。

彭維杰：〈檢視臺灣客家歌謠的內涵〉，《國文學誌》第5期，彰化師範大學國文學系，2001年12月。

黃鼎松：〈臺灣客家山歌的演變與發展〉《兩岸客家表演藝術研討會論文集》，苗栗縣：苗栗縣文化局，2001年。

劉煥雲、張民光、黃尚煃：〈臺灣客家山歌文化之研究〉《漢學研究籍刊》，2007年6月。

學位論文

邱春美：《六堆客家古典文學研究》，輔仁大學中國文學研究所博士論文，2005年1月。

曾瑞媛：《客家山歌之節奏研究》，臺中教育大學語文教育學系博士論文，2012年6月。

網路資源

客家歌謠：臺北市客家文化主題公園客家歌謠（https://ssl.thcp.org.tw/libraries/songs/62）。

客家美食嘉年華（http://www.ihakka.net/2006food/index.htm）。

第十章
臺灣客家茶文化內涵探析

一　前言

　　客家鄉親原係黃河流域中原地區漢民族的一支，因為戰亂避禍，或擴展延續生命的版圖，不得不南遷長江流域。[1]至明末清初兩千多年間，由於內陸人口的膨脹，以及戰亂的因素，輾轉遷徙到廣東中部以及沿海地區，有些更飄洋過海至臺灣北部的桃、竹、苗地區，以及南部的高雄、屏東一帶墾殖荒地。從〈客家本色〉歌詞中：「唐山過臺灣，沒半點錢，剎猛打拚耕山耕田，咬薑啜醋幾十年，毋識埋怨。世世代代就恁樣勤儉傳家，兩三百年沒改變，客家精神莫豁忒，永遠永遠。」（涂敏恆〈客家本色〉）內容是描寫客家祖先「唐山過臺灣」的艱辛過程，不但塑造了臺灣客家人的內聚力，也開啟了臺灣客家的新視野：面對臺灣多樣化的自然山川與多元的族群處境，必須更加落實因地制宜的「移民本色」，因而得以全然不同於中國原鄉的方式，打造了風貌殊異的客家新故鄉。

　　臺灣客家先民因地制宜之生存智慧，漸漸發展出來臺先祖未曾想像的客家新風貌。客家人從大陸輾轉遷徙來臺，大半住在靠山的窮鄉僻壤，除了種田外，另一項謀生的方式，就是在蜿蜒起伏的山坡上，種植了一簇簇的茶樹。走過風雨飄搖的動盪歷史，起初客家先民都是依山而居，赤手空拳來開創自己的家園，以種植稻田、茶樹維生，所

1　羅香林：〈客家的源流〉，《客家研究導論》（臺北市，南天書局公司，1992年），第二章，頁64-65。

以養成吃苦耐勞、委屈求全的精神。本論文以臺灣客家茶文化內涵為探析的主軸，分別論述臺灣客家茶文化發展史、臺灣客家茶文化的特色、臺灣客家茶文化所蘊含的儒家思想等，生為客家人，不可不知客家事。因此引發個人寫作之動機，及一發思古之幽情。緬懷千古，和創業艱辛的先民心志相通。他們流血流汗的辛勤耕耘，為後代子孫開闢了安身立命的鄉土家園；一枝草、一點露的精神，讓客家文化的薪火能夠永遠傳承下去。

二　臺灣茶文化的源流

　　茶起源於中國，傳統的茶文化與各國的歷史、文化、經濟及人文相結合，而茶也是臺灣客家人主要的經濟作物與日常生活必需品：開門七件事（柴、米、油、鹽、醬、醋、茶）之一。古人的一杯茶水蘊含著中國文人、哲人深愛的天、地、山、水等仁、智哲理。《大學》說：「物有本末，事有終始，知所先後，則近道矣。」因此本章節先探究中國茶文化的發展史，進而延伸到臺灣客家茶文化的發展史。

（一）中國茶文化發展概況

　　茶起源於中國，迄今為止，已有四千七百多年的歷史。茶是最有益於身心健康的飲品，受到國人的喜愛。中國是茶的故鄉，對茶的研究相當深入，並有專門研究茶的學問。歷代的茶學專著，流傳至今的也有百餘部，這是中國茶文化特有且豐富的文化遺產。本文僅敘述有文獻可徵的二本著作於下：

一、神農嘗百草之說，最早出現在西漢淮南王劉安（前179年-前122年）主持撰寫的《淮南子‧脩務訓》：

> 古者，民茹草飲水，采樹木之實，食蠃蚌之肉。時多疾病毒傷
> 之害，於是神農乃始教民播種五穀，相土地宜，燥濕肥墝高
> 下，嘗百草之滋味，水泉之甘苦，令民知所辟就。當此之時，
> 一日而遇七十毒。[2]

如果單從文獻記載來考證，神農飲茶的傳說是無法證實的。在探討茶葉起源的問題時，人們經常引用一則流傳很廣的傳說：「神農嘗百草，一日遇七十二毒，得茶乃解。」證明人類飲茶始於神農時代。陸羽《茶經·六之飲》中就說「茶之為飲，發乎神農氏，聞乎魯周公。」[3]然而，這則傳說出現的年代很晚，是遲至清代晚期才出現，而在此以前的有關神農的傳說中，都沒有關於神農以茶解毒的傳說記載，因而許多學者都持否定的態度，認為神農時代不可能有飲茶的現象發生。

　　二、唐代茶聖陸羽（約西元733-804）的《茶經》，是中國乃至世界現存最早、最完整、最全面介紹茶的第一部專著。《茶經·一之源》：

> 茶者，南方之嘉木也，一尺二尺，乃至數十尺。……茶之為
> 用，味至寒，為飲最宜精行儉德之人，若熱渴、凝悶、腦疼、
> 目澀、四支煩、百節不舒，聊四五啜，與醍醐、甘露抗衡也。[4]

2　〔漢〕劉安傳、〔清〕高誘注：《淮南子》（臺北市：中華書局，1981年），卷19，頁629-630。

3　〔唐〕陸羽《茶經·六之飲》，引自「中國哲學書電子化計劃」（https://ctext.org/wiki.pl?if=gb&chapter=563466）。

4　陸羽《茶經·一之源》，引自「中國哲學書電子化計劃」（https://ctext.org/wiki.pl?if=gb&chapter=563466）。

上述引文，說明茶樹的植物學特徵，茶的形狀和名稱，茶性寒涼，最適合那些為人誠懇、品德高尚而具有簡樸美德的人飲用。能消暑止渴，明目益思，除煩去膩，眼睛乾澀，或者關節不舒展，稍稍喝上四五口茶水，那效果就如同飲用醍醐、喝甘露一般。《新唐書‧陸羽傳》中記載：「羽嗜茶，著經三篇，言茶之原、之法、之具尤備，天下益知飲茶矣。」[5]說明除茶學上的貢獻外，陸羽及其《茶經》對於提高飲茶技藝、促進茶葉生產和貿易的發展，也都是有其重要價值的，因此陸羽被唐德宗當面尊稱為「茶博士」。《茶經》全書共七千多字，其實篇幅並不大，共分三卷十節，在陸羽和《茶經》的影響和倡導下，茶的飲用和茶葉文化，在我國如雨後春筍般迅速的發展了起來。

三 臺灣茶文化發展概況

臺灣茶產業的發展，依時間可分成：臺灣茶業的起源、清代的發展、日治時期、光復後與一九八〇年代臺灣茶業轉型四個階段，由於這些研究時間範圍太長，且茶業本身範疇又廣，因此內容多失之簡略，只知各時期政策實施的項目，並未針對這些政策內容再作深入的討論，而其政策對茶葉生產與製造上造成的重大轉變，更是不得而知。茲舉有確切可考的文獻，敘述如下：

（一）最早的野生茶及栽培茶的移入時間

臺灣最早的野生茶是水沙連茶，見於康熙五十六年（1717）成書之《諸羅縣志》，該書載：

5　〔北宋〕歐陽修、宋祁、范鎮、呂夏卿等合撰：《新唐書》（臺北市：藝文印書館，1998年），卷196，頁5612。

（茶）北路無種。水沙連山中有一種，味別，能消暑瘴。武彝、松蘿諸品，皆至自內地。[6]

水沙連內山茶甚夥，味別色綠如松蘿。山谷深峻，性嚴冷，能卻暑消脹。然路險，又畏生番，故漢人不敢入採，又不諳製茶之法。若挾能製武夷諸品者，購土番採而造之，當香味益上矣。[7]

顯然當時臺灣只有一種水沙連茶，並未開始種茶，茶葉主要是從大陸進口。從書中關於水沙連茶的記載，可知該茶樹位處於深山峻谷中。在乾隆元年（1736）的《臺海使槎錄》卷三〈赤崁筆談〉也記載：「水沙連茶，在深山中。眾木蔽虧，霧露濛密，晨曦晚照，總不能及。色綠如松蘿，性極寒，療熱症最效。每年，通事於各番議明入山焙製。」[8]但此水沙連茶卻是野生茶，與我們習慣喝的茶葉，毫無關聯。所謂貓螺內山乃今南投、埔里、水里地區的深山；而水沙連是指自埔里的五城往集集、水沙連一直到濁水溪上游蕃地的總稱。由此可知，臺灣先民早已利用野生茶焙製茶葉。

（二）清代臺灣所栽植的茶，是從中國福建移入

一、明治三十一年的藤江勝太郎所撰的〈臺北、新竹、臺中三縣蒼業取調附命書〉記載：

6　周鍾瑄：《諸羅縣志》（南投縣：臺灣省文獻委員會，1993年），頁194。
7　周鍾瑄：《諸羅縣志》（南投縣：臺灣省文獻委員會，1993年），頁925。
8　黃叔璥：《臺海使槎錄》，〈赤崁筆談〉（南投縣：臺灣省文獻委員會，1991年），卷3，頁62。

距今100年前（清道光九年）屈尺庄的張姓人家從清國引進栽培，但是只在住家附近栽種，僅供自己飲用。到距今42年（清嘉慶二十四年）十五份庄及深坑街的農家從清國武彝山引進茶苗。[9]

二、明治三十八年份之《深坑廳第二統計書》〈管內狀況並沿革〉云：

本區種茶的歷史極早，早在嘉慶末年，即有福建泉州人井連侯攜茶苗至深坑之土庫莊栽種，之後始逐漸移植附近各莊，最遠甚至傳播到桃園、新竹等地，所以深坑地方為臺灣地區和文山地區最早種茶樹的地方。[10]

三、一九一八年連橫之《臺灣通史》指出：

臺北產茶近約百年。嘉慶時，有柯朝者歸自福建，始以武彝之茶，植於魚桀魚坑，發育甚佳。既以茶子二斗播之，收成亦豐，遂互相傳植。[11]

雍正、乾隆年代，隨著漢人移墾臺灣，茶樹的種植逐漸引入臺灣。清代的臺灣，飲茶盛況，乃為空前。民間應酬、交際、送禮都離不開茶葉，可見在日常生活中茶已占據了重要地位。清朝康熙年間，臺灣地

9　林啟三：《南投縣茶葉發展史》（南投縣：南投縣立文化中心，1995年），頁13。

10　《臺灣總督府公文類纂》，000003240180169。轉引自林能士：《深坑鄉志》（新北市：深坑鄉公所，1967年），頁122。

11　連橫：〈農業志〉《臺灣通史》，卷27，（南投縣：臺灣省文獻委員會，1967年），頁654。

區還沒有茶葉之種植，當清朝統一臺灣時，茶文化也傳到臺灣。本來臺灣氣候溫和，適合種植茶，中南部一帶山間，有天然產茶樹，稱為野生山茶，但當地原住民族，從未有採摘利用。

（三）臺灣北部茶園的大量開闢，則是因為歐美市場對臺灣茶的需求上升

一八六六至一八六七年間，由於歐美市場對臺灣茶的需求，使得北部的丘陵地、桃園臺地等適宜茶葉生長的土地迅速被開墾。一八六七年英國商人約翰・杜德向澳門輸出臺灣茶葉，意外地獲得高價，大受歡迎。杜德受到鼓勵就在臺北艋舺設立茶工場，從事粗製茶的再製工作，這是臺灣茶業再製業的濫觴。[12]

（四）臺灣茶業改進委員會的設立，帶動臺灣茶業的發展

一九六一年臺灣茶業改進委員會設立，將生產、製造、銷售合為一體的外銷系統，帶動臺灣茶業的發展。一九六八年臺灣省政府為加強臺灣茶業發展，將臺灣省政府農林廳林口茶葉傳習所，臺灣省農業試驗所屬平鎮茶葉試驗所，以及魚池紅茶試驗分所等三個茶葉茶葉式驗研究與訓練推廣單位合併，成立「臺灣省茶業改良所」，總場設於桃園埔心的原平鎮茶業試驗分所，林口茶葉傳習所改稱「林口分場」，魚池紅茶試驗分所改為「魚池分場」。[13]

綜合上述，可知臺灣茶發展至今已有兩百多年的歷史，是臺灣民眾傳統的飲料之一，與臺灣的人文風俗有密不可分的關係。清治時期

---

12 黃俊銘：〈新竹縣茶文化產業資產保存活化調查研究計畫成果報告〉，頁9（https://dcm.s3.hicloud.net.tw/file/2018-11-26/bdc75699-3698-4c9b-a12d-c601433aafbf/OP201102.pdf）。

13 〈新竹縣茶文化產業資產保存活化調查研究計畫成果報告〉，頁39。

的臺灣，茶是最大的生產和出口品之一，茶葉商人將產業重心從原本的南臺灣移轉到了臺灣北部，對臺灣文化有重要的影響，更促進了北臺灣與全臺經濟的發展。

桃園楊梅埔心臺灣茶業改良場

桃園楊梅埔心臺灣茶葉改良場

桃園楊梅埔心臺灣茶葉改良場

四　臺灣客家茶文化的特色

　　茶葉從中國大陸飄洋過海來到臺灣，承載著許多人離鄉背井的夢想，改善了許多家庭的生技，影響了臺灣的社會文化，衝擊了原地的自然環境，也深深的植入了臺灣人的生活，加上臺灣人的精神與智慧，已轉化成充滿臺灣客家色彩的產品了。茲臚列臺灣客家飲茶文化的特色與意涵，如下：

（一）臺灣客家飲茶文化的特色

1　敬神祭祖的「神茶」

　　茶也是中國傳統祭祀常見的祭品之一，以茶祭天的習俗，創始於南齊世祖武皇帝遺詔：「我靈座上慎勿以牲為祭，但設餅果、茶飲、

乾飯、酒脯而已。」[14]（陸羽《茶經·七之事》）開後世帝王以茶祭天、祭神、祭山的先河。客家禮俗中，對於祖先特別重視，除掉四時八節的祭祀之外，還有墓祭祠祭，有要事出外遠行，必先拜祖先，新娘入門，必先拜過夫家祖先，方為家中成員之一。客家人祭拜祖先時，必定會準備神茶來祭拜，初一十五祭拜土地公，也會準備神茶來祭拜，客家人以對天地、祖先、聖賢的祭祀來代替宗教，完成人生尋求精神寄託的偉大使命，這在世界文化史上，是一個獨有的創制，值得每一個客家人自豪。

敬神祭祖的「神茶」

---

14 陸羽：《茶經·七之事》，引自「中國哲學書電子化計劃」（https://ctext.org/wiki.pl?if=gb&chapter=563466）。

2　以茶會友的待客茶

　　客家人對炒製茶葉這一工序也有講究，也是最為辛苦的一件事。炒茶時，灶火要燒得夠旺。新採茶葉倒進鍋內，兩手持鑊快速翻炒，稍遲緩即焦。炒茶，對茶質的色、香、味是極為重要的一環。客家人具有濃厚的飲茶風俗，客來敬茶是客家人的傳統禮節。在家中，有客人來，客家人都會泡上一壺暖暖的香茶，先沖在小杯，再恭敬地端在客人面前，表示對客人的禮貌，而客人則雙手接杯或以手指叩桌，以表示對主人的感謝和回禮。朋友、親戚之間在公共場合的交往，一般都在小鎮的茶館中，首先泡一壺茶再點些茶點，邊喝茶邊交談。

3　花好月圓食「新娘茶」

　　在客家訂婚儀式上，訂婚當天，男方到女方家時，女方須沖泡甜茶迎客，新娘手捧茶盤，向男方親友敬上一杯甜茶，並由媒人在旁引導新娘，認識男方長輩。奉茶的儀式，俗曰「扛茶」[15]，是由新娘端著茶盤向貴賓敬茶，媒人坐第一位，其次是男方父母及長輩，新郎坐最後一位。新娘由「引鳳者」帶領引導出大廳端甜茶，媒人介紹來賓稱謂。男方接受奉茶時，應起立雙手端茶杯。經過片刻，新娘再走出大廳收茶杯，男方將紅包放在杯上（可由新郎總磧），俗稱「磧茶盤」。[16]新郎和新娘在正式婚禮之後，拜見舅姑禮和歸寧時，會向自己或配偶的父母、長輩敬茶，父母、長輩喝茶後，會給新婚夫婦一個代表著好運的紅包，然後新人再向其他親屬逐一奉茶，以表示對長輩的敬重。

---

15 劉薇玲：《屏東客家婚俗變遷之研究——以六堆中區為例》（臺南市：臺南師範學院鄉土文化研究所，2002年），頁60。

16 阮昌銳、辛意雲：《中國人的生命禮俗——嘉禮篇》：「『磧茶盤』便是放紅包或金飾於茶盤上。磧，有壓放的——意思。」（臺北市：行政院文化建設委員會，1992年），頁46。

4 路邊茶亭奉茶

　　過去在涼亭裡或路邊，總會看見貼著「奉茶」的大茶桶，供路過的民眾解渴，奉茶文化，展現客家人好客的傳統特質。隨著時代變遷，茶亭早已沒落，「奉茶」的情景也早已為人淡忘，儘管這樣的景況越來越少見，高齡七十四歲的寶山鄉民蔡桂勇至今仍每天熬煮茶水，注滿水缸放在住家旁的涼亭，給過往的路人分享，傳承客家人好客的傳統。其實隨著時代變遷，煮茶、奉茶的文化逐漸式微，為了延續這項傳統美德，日前新竹縣寶山鄉公所，爭取到客委會經費補助，計畫整修鄉內道路旁六座茶亭，將這份樸實溫暖的文化繼續傳承下去。[17]

(二) 臺灣客家飲茶文化的意涵

1 敬老尊賢

　　茶自神農的傳說以來，有生津解渴、提神醒腦、排憂解悶等作用，因此自古人們就將茶視為「神」物，並認為供茶敬神是至為虔誠的表現。客家人祭祀，用意在敬神、求神、祭神和祭拜祖先，神有土地神、門神、灶神、農神等。客家人受儒家「百善孝為先」和「慎終追遠」思想的薰陶，客家人祭祀最多的還是自己的祖先，客家人把祭祀祖先叫作「敬神」，祖先就是客家人心目中的神。客家人以熱茶來供奉神明或祖先等，一般供三小杯。品茶文化普及之後，各種民間祭祀也常用茶為祭品。中國自古即以茶為敬神禮佛之物，對神佛表達崇仰之心。客家人對神明都極為虔敬，家中供奉的神像香爐前，早晚都會敬茶，彰顯敬老尊賢的美德。

---

17 轉載自客家電視臺／黃文垚新竹：〈整修六座茶亭重現寶山古早奉茶文化〉中央大學
　　客家學院電子報NCU HAKKA COLLEGE E-PAPER　第197期　2014/01/15出刊。

2　敦親睦鄰

　　客家人向來對於飲茶的態度，不重視形式上的繁文縟節，對茶具一切崇尚簡約，講求樸拙實用，此正符合客家本色的特性。客家人對於飲茶的風格，不求排場，不精心搭配茶具，僅以勤儉、樸實、好客的美德，作為飲茶文化的標竿，反而蔚為客家茶文化的特色。當手捧一杯熱茶向客人敬茶時，客家人都會雙手捧送，恭恭敬敬的端給來客，來客也會用雙手接過，說聲「恁仔細」之後，再品茗茶香。客家諺語說：「等水難滾，等子難大。」就是形容客家人招待忽然而來的訪客時，叫小孩子幫忙煮水泡茶的情景。客家人是一個熱情好客的族群。來者是客，客來敬茶。在日常的社交活動中，客家人對來訪者，不論是親戚朋友或左鄰右舍，不論客人的地位高低和財富多寡，一律請坐並以茶款待。

3　養生保健

　　因應現代社會民眾對健康的重視，品項繁多的養生食飲品，如雨後春筍相繼問世，聰明的臺灣客家人，很早就有屬於他們自己獨特的養生水果茶，那就是以「虎頭柑」製成的「酸柑茶」。「虎頭柑」或稱「酸柑」是果粒碩大的柑橘類水果，其大小彷彿就像老虎的頭一樣，體積相當可觀。草藥茶是客家地區農村常用的一種傳統保健飲料，也被稱為涼茶，例如、仙草茶就有清涼降火的功效。客家擂茶，它與東方美人茶（白毫烏龍）、酸柑茶，並列客家三大茶，它的顏色跟日本抹茶有點像，也都是客家擂茶，擂茶又名「三生湯」，名稱由來，傳說三國時代張飛帶兵進攻武陵，沒想到在途中，將士們都染上了瘟疫，無力前進。幸好當時軍中有名草醫，獻上祖傳的除瘟秘方，將生茶、生薑、生米磨成糊狀後以開水沖食，從此擂茶名稱便因而流傳開

來。[18]如果傷風感冒，則喝紅糖薑茶。常言「一碗糖薑茶，一盆滾水浴」，這是客家人保健的良方。

4 採茶山歌

　　客家人從大陸輾轉遷徙來臺，大半住在靠山的窮鄉僻壤，除了種田外，臺灣北部桃園、新竹、苗栗以及南部高雄和屏東的丘陵地區，以種植茶業為生。男女村民在種茶與採收茶葉的時候，頭戴著斗笠，穿梭在茶樹間，彎著腰以專注的眼神，俐落靈活的雙手栽種茶樹或採摘著嫩綠的茶葉，丟入背著的竹簍內。他們與大地一起呼吸，隨著時間的沉浮，不曾流露出絲毫的悲情，取而代之的是吟唱著客家山歌，高亢嘹亮的歌聲，如空谷回音，在山坡上盤旋著，常常以山歌對唱的方式彼此唱答，互訴傾慕之意。所以客家人通常以山歌或採茶歌泛指他們的民歌。客家系民歌曲調種類繁多，素有「九腔十八調」之稱。[19]茲舉劉鈞章採編的客家採茶山歌為例：

> 摘茶愛摘嫩茶心，皮皮摘來鬥上斤；
> 有情阿哥共下摘，兩人緊摘情緊深。[20]
> 三月思戀真思戀，打扮三妹來蒔田。
> 阿哥蒔粘妹蒔糯，兩人共蒔一坵田。

---

18 臺灣客家茶湯，客家委員會（http://webc.hakka.gov.tw/findhakkafood/tea_inside2_cht.html）

19 許常惠：《臺灣音樂史初稿》：「『九腔』指北部客家人住的九個不同地區所產生的不同方言腔調。『十八調』是指十八個不同曲調，如下：『平板』、『山歌子』、『老山歌』、『病子歌』、『初一朝』、『懷胎曲』、『十八摸』、『苦力娘』、『送金釵』、『思戀歌』、『洗手巾』、『剪剪花』、『陳士雲』、『上山採茶』、『瓜子仁』、『跳酒』、『桃花開』、『十二月古人』。」（臺北市：全音樂譜出版社，1991年）頁149。

20 劉鈞章採編：《苗栗客家山歌賞析》，苗栗縣：苗栗縣立文化中心，1998年。

　　四月思戀真思戀，打扮三妹落茶園。

　　嫩茶摘來郎去賣，老茶摘來做工錢。

　　五月思戀真思戀，打扮三妹來採蓮。

　　蓮葉雙雙水面上，端陽節過又一年。

　　六月思戀真思戀，打扮三妹來採棉。

　　嫩棉採來好織布，老棉採來賣有錢。[21]

上述採茶山歌描述客家婦女的勞動生活，無論是採茶、耕田、採蓮或採棉，都能忙中作樂，藉著歌唱來抒發情懷，彰顯客家婦女樂天安命的人生觀。採茶歌是因為客家民謠與「三腳採茶戲」（客家傳統戲曲）密不可分；九腔十八調則形容客家民謠曲調多、內容豐富。但總不如充滿鄉土味的「山歌」來得貼切。山歌則分為老山歌、山歌仔、平板及小調四種類型。[22]「老山歌」是客家民謠中最古老的一種曲調，在古時候是這一座山的人唱給那一座山的人聽的歌。客家有句諺語：「寧賣祖宗田，莫忘祖宗言；寧賣祖宗坑，莫忘祖宗聲」，所謂的祖宗聲，就是傳頌百年以上的客家系民歌。

五　臺灣客家茶文化所蘊涵儒家文化的特質

　　茶起源於中國，迄今為止，已有四千七百多年的歷史。茶是最有益於身心健康的飲品，受到國人的喜愛。中國是茶的故鄉，對茶的研究相當深入，並有專門研究茶的學問。歷代的茶學專著，流傳至今的也有百餘部，這是中國茶文化特有且豐富的文化遺產。茲述臺灣客家

21　歌詞為大龍歌謠班提供。

22　客家歌謠——臺北市客家文化主題公園客家歌謠（https://ssl.thcp.org.tw/libraries/songs/62）。

茶文化所蘊涵儒家文化的特質如下：

（一）孝道精神的傳承

客家禮俗中，對於祖先特別重視，除掉四時八節的祭祀之外，還有墓祭、祠祭，有要事出外遠行，必先拜祖先，新娘入門，必先拜過夫家祖先，方為家中成員之一。客家人對神明都極為虔敬，家中供奉的祖先神像香爐前，早晚都會敬茶，客家人以熱茶來供奉神明或祖先等，一般供三小杯，傳承崇遠報本的美德。客家人受儒家「百善孝為先」思想的薰陶，特別重視追遠報本、祭祀祖先的傳統，富有誠敬肅穆的宗教意識。《禮記・祭統》記載：「孝子之事親也，有三道焉：生則養，歿則喪，喪畢祭；養則觀其順也，喪則觀其哀也，祭則觀其敬也，盡此三道，孝子之行也。」[23]客家人傳承儒家把人類對天地、聖賢與祖先崇敬的意識，與崇遠報本的宗教理想相結合，所有祭祀禮俗中，都會有敬茶之儀節。以緬懷祖先立德、立功、立言對後人的貢獻。客家人以對天地祖先聖賢的祭祀來代替宗教，完成人生尋求精神寄託的偉大使命，這在世界文化史上，是一個獨有的創制，值得每一個客家人引以為傲。

（二）節儉好客的體現

中國人的「開門七件事」中，「茶」扮演了日常飲食文化與生活中不可或缺的飲料，而客家人更是喝茶的族群。數百年來，客家人深受嚴苛環境的考驗，為了生存，客家人養成了克勤克儉、吃苦耐勞的性格，如此的族群特性，在飲食習慣的表現上亦復如是。客家先民受

---

23 〔漢〕鄭玄注、〔唐〕孔穎達疏：《禮記正義》（臺北市：藝文印書館，1998年），卷49，頁830-831。

限於自然條件和物質生活的匱乏，因而發展出一套自給自足的生活模式。客家文化中飲茶文化，蘊涵著濃厚的禮儀規範以及文學精神，其內涵常藉由日常飲食的禮俗加以呈現。人們常說：「無山不客，無客不山。」客家人長年生活在山區，田園荒埔、山邊溝圳，有土有水皆有種植茶樹。日常生活中自然是少不了種茶、做茶、食茶；以泉水煮茶，都市裡難以享受得到。久而久之，便形成了獨具特色的客家茶文化。客家人向來對於飲茶的態度，不重視形式上的繁文縟節，對茶具一切崇尚簡約，講求樸拙實用，此正符合客家本色的特性。客家人對於飲茶的風格，不求排場，不精心搭配茶具，僅以勤儉、樸實、好客的美德，作為飲茶文化的標竿，反而蔚為客家茶文化的特色。

（三）崇禮重義的彰顯

客人到訪，「食茶囉！」是客家人日常招呼朋友的用語，可以看出客家與茶的關係是密不可分，客家人具有濃厚的飲茶習性，客來敬茶是客家人的傳統禮節。根據《諸羅縣志》記載，臺灣人「薦客，先於茶酒」。客家人遷臺定居後，只要有客人到訪，都會泡上一壺熱茶歡迎來客。早期客家先民在臺灣住在山區，日常飲食煮飯燒茶，必須要使用樹枝與竹葉等柴火，用烘爐、草結、壺罐與小孩子生火燒柴等情景，寫出農村生活點滴，寫出父母待客之情，令人回味起古早的客家農村生活場景。在家中，有客人來，客家人都會泡上一壺暖暖的香茶，先沖在小杯，再恭敬地端在客人面前，表示對客人的禮貌，而客人則雙手接杯，以表示對主人的感謝和回禮。主人在陪伴客人飲茶時，要注意客人茶杯、壺中的茶水殘留量。以燒開水泡茶招待訪客為待客之道，道盡了客家人好客之事實，更寫出客家人飲茶崇禮重義的文化意涵。三五好友圍坐，在茶的香氣繚繞中，談天說地，一杯茶品味人生的酸甜苦辣。燒水、煮茶、喝茶，「看似尋常最奇崛，成如容

易卻艱辛」（王安石《題張司業詩》），千百年來，客家人在一碗茶湯中，感悟生命的真諦。

六　結語

本研究透過文獻史料的搜集、考證資料，來探究臺灣客家茶文化的風貌，進而闡述客家茶文化所蘊含儒家文化的特質。客家人具有濃厚的飲茶風俗，客來敬茶是客家人的傳統禮節。茶起源於中國，迄今為止，已有四千七百多年的歷史。茶是最有益於身心健康的飲品，受到國人的喜愛。中國是茶的故鄉，對茶的研究相當深入，並有專門研究茶的學問。歷代的茶學專著，流傳至今的也有百餘部，這是中國茶文化特有且豐富的文化遺產。臺灣茶發展至今已有兩百多年的歷史，是臺灣民眾傳統的飲料之一，與臺灣的人文風俗有密不可分的關係。清治時期的臺灣，茶是最大的生產和出口品之一，茶葉商人將產業重心從原本的南臺灣移轉到了臺灣北部，對臺灣文化有重要的影響，更促進了北臺灣與全臺經濟的發展。

茶葉從中國大陸飄洋過海來到臺灣，承載著許多人離鄉背井的夢想，改善了許多家庭的生計，影響了臺灣的社會文化，衝擊了原地的自然環境，也深深的植入了臺灣人的生活，加上臺灣人的精神與智慧，已轉化成充滿臺灣客家色彩的產品了。客家人移墾到臺灣，不可避免的也將「三獻禮」祭祀儀節帶到臺灣而沿襲至今，客家族群每逢春、秋兩祭，整個家族子孫集合在祠堂或祖塔前，以豐盛牲醴、粢盛菓品，祭拜祖先。臺灣客家民間祭典，凡備有牲品之祭，都要用酒、茶祭拜。借著煙霧緩緩上升、綿延不斷，訴說著後代子孫祈求祖先保佑，能使代代相傳，也感恩祖先之庇佑，使得子孫福德綿延。充分展現報本反始、教孝感恩之文化意涵。緬懷千古，和創業艱辛的先民心

志相通。他們流血流汗的辛勤耕耘，為後代子孫開闢了安身立命的
鄉土家園；一枝草、一點露的精神，讓客家文化的薪火能夠永遠傳承
下去。

參考文獻

古籍部分

（依《四庫全書》分類法）

〔漢〕鄭玄注、〔唐〕孔穎達正義：《禮記正義》，臺北市：藝文印書館，1998年。

〔漢〕劉安傳、〔清〕高誘注：《淮南子》，臺北市：中華書局，1981年。

〔北宋〕歐陽修、宋祁、范鎮、呂夏卿等合撰：《新唐書》，臺北市：藝文印書館，1998年。

〔宋〕朱熹：《四書章句集注》，臺北市：鵝湖出版社，1998年。

近人論著

（依作者姓氏筆畫排序）

林能士：《深坑鄉志》，新北市：深坑鄉公所，1967年。

林啟三：《南投縣茶葉發展史》，南投縣：南投縣立文化中心，1995年。

林曉平：《先秦民俗典籍與客家民俗文化》，北京市：中國社會科學出版社，2016年。

周鍾瑄：《諸羅縣志》，南投縣：臺灣省文獻委員會，1993年。

連橫：《臺灣通史》〈農業志〉卷27，南投縣：臺灣省文獻委員會，1967年。

徐正光：《臺灣客家研究概論》，臺北市：行政院客家委員會、臺灣客家研究學會合作出版，2007年。

許常惠：《臺灣音樂史初稿》，臺北市：全音樂譜出版社，1991年。

黃叔璥：〈赤崁筆談〉《臺海使槎錄》，南投縣：臺灣省文獻委員會，
　　　　1991年。

陳運棟：《臺灣的客家禮俗》，臺北市：臺原出版社，1991年8月。

謝金汀：《客家禮俗之研究》，苗栗縣：中華文化復興運動推行委員
　　　　會，1989年。

劉還月：《臺灣的客家族群與信仰》，臺北市：常民文化出版社，1999
　　　　年。

羅香林：《客家研究導論》，臺北市：南天書局，1992年。

碩士論文

（依年代排序）

劉薇玲：《屏東客家婚俗變遷之研究——以六堆中區為例》，臺南市：
　　　　臺南師範學院鄉土文化研究所，2002年。

張莉涓：《苗栗客家山歌研究——以頭份鎮、造橋鄉、頭屋鄉、公館
　　　　鄉為例》，臺中市：中興大學中國文學系碩士論文，2008年
　　　　6月。

李秉恒：《客家文化融入宜蘭縣大同鄉玉蘭休閒農業區茶業之研究》，
　　　　宜蘭縣：宜蘭大學建築與永續規劃研究所碩士論文，2015年
　　　　7月。

單篇論文

阮昌銳、辛意雲：《中國人的生命禮俗——嘉禮篇》，臺北市：行政院
　　　　文化建設委員會，1992年。

網路資源

〔唐〕陸羽《茶經》中國哲學書電子化計畫（https://ctext.org/wiki.pl?
　　　　if=gb&chapter=563466，檢索日期：2022年3月30日）。

黃俊銘：新竹縣茶文化產業資產保存活化調查研究計畫成果報告
　　　　（https://dcm.s3.hicloud.net.tw/file/2018-11-26/bdc75699-3698-
　　　　4c9b-a12d-c601433aafbf/OP201102.pdf，檢索日期：2022年3
　　　　月30日）。

客家電視臺／黃文垚新竹：〈整修6座茶亭重現寶山古早奉茶文化〉國
　　　　立中央大學客家學院電子報 NCU HAKKA COLLEGE E-
　　　　PAPER　第197期　2014/01/15出刊。

臺灣客家茶湯，客家委員（http://webc.hakka.gov.tw/findhakkafood/tea_
　　　　inside2_cht.html，檢索日期：2022年3月30日）。

客家歌謠──臺北市客家文化主題公園客家歌謠（https://ssl.thcp.org.
　　　　tw/libraries/songs/62，檢索日期：2022年3月30日）。

第十一章
臺灣客家節慶美食的文化蘊涵

一　前言

　　客家人是中華民族中重要的支系，近一千年來五次大遷徙[1]，從中原向外播徙，到如今已繁衍發展到一億二千多萬人口，分布在海內外各國和地區。客家人不論走到哪裡，都承續中華民族的優秀文化和傳統美德，為中華民族的發展、為居住地的振興做出了重大貢獻。客家人因自身的顛沛流離，在時時為客、處處為客的窘境中，痛切地體驗到故土的可貴，因而與漢民族其他民系相比，愛國愛鄉情懷顯得特別強烈。「逢山必有客」，客家族群因山居食材取得不易與惜福的生活觀，對得來不易的食物，也格外珍惜，因此客家人對食材的美味，注重易保存，且能夠與其他食材搭配，反映出客家人節儉的本質。在過去，客家先民飽受戰亂和飢荒之苦而被迫遷徙，每遷居一地，又得在艱困的環境條件下重建家園，因此養成節儉和勤勞的生活習性。對於客家人來說，除了日常生活食用的米飯、粥品以外，客家人也和其他中國南方的居民一樣，藉用米的物質特點製作出較耐久藏的「粄」，而「粄」類食品在客家飲食當中，十分的受到重視。客家人素來以米食為主，凡是遇上年節慶典，家家戶戶會做些甜點以招待親戚朋友或祭拜神明祖先，保佑闔府平安。

1　羅香林：〈客家的源流〉，《客家研究導論》（臺北市：南天書局，1992年），頁45-62。

　　《漢書·酈食其傳》：「王者以民為天，而民以食為天。」[2]飲食是人類維繫生命的重要憑藉，而人類的飲食習慣，是因時因地制宜的。飲食文化包括人類對食物的選擇、處理、保存、烹調與食用方式等。我國源遠流長的飲食文化，不僅展現人類的生活方式，既滿足了人們的物質生活，也豐富了人們的精神生活，更蘊涵了社會、經濟與文化的意涵。展閱歷史的長卷，五千多年前，神農氏教導農民播種五穀，自此稻米成為中國人的主食，孕育了悠久的米食文化。客家的米食文化是建立在敬天地、祭鬼神和拜祖先，這樣虔誠尊敬和教孝感恩的態度發展起來的。客家人的「粄」，等同於閩南人的「粿」，將米碾或磨成漿，以蒸、攪、煮、炸的方式，再以鹹甜口味入餡，捏製成不同的成品。「粄」在流經各地、吸取了各地風土人情後，不但變化出更多樣的口味，也記錄了客家族群離鄉遷徙的心路歷程。「粄」與客家人的日常生活、年節喜慶、敬神祭典有著密切的關係。由米食所延伸所創造的美食，傳承了民族鄉情，創造出客家多元的米食文化。

二　臺灣客家粄食文化的源流與發展

　　客家有句俗諺說：「一塊粄，抵三碗飯。」由此可見，粄是客家人重要的的米食製品。「粄」與日常生活、年節喜慶、敬神祭典有著休戚與共的關係，從新年的紅粄、甜粄、蘿蔔粄、發粄，清明節的艾草粄，端午節的米粽、粄粽、鹼粽等，客家的粄食料理稱得上是五花八門。往昔在過年過節前，家家戶戶炊煙不斷，蒸製各色各樣的粄食，讓人齒頰留香。濃郁溫馨的年節氣氛，在香煙繚繞中，傳承了千

2　〔漢〕班固、〔唐〕顏師古注：《漢書·酈食其傳》（臺北市：鼎文書局，1987年），卷43，頁2108。

年萬代。茲述客家粄食文化有文獻可徵的源流與發展如下；

（一）客家粄食文化的源流

粄：碎米製成的餅

《玉篇‧米部》：「粄，米餅。」[3]

《廣韻‧上聲‧緩韻》：「粄，屑米餅也。博管切。粌、䉽並上同。」[4]

《康熙字典》：「《廣韻》粄，博管切。《集韻》補滿切，並音昄。屑米餅。亦作粌、䉽。」[5]

由上述可知，粄為古漢語，也是客家話、海南話的特色詞，泛指用米漿所製成的食品。古代字典詞書中對「粄」的記載，在《辭源》、《辭海》、《漢語大詞典》等工具書中均無「粄」字，可見「粄」字是客家人的專用字，其他民族和民系的人是不用的，這正是客家飲食文化的一個鮮明特色。粄字從米，從反，反亦聲，為古漢語，也寫作粌或䉽，粄、䉽、粌三字互為異體字，可通用。粄也是客家語和海南話（海南閩語）的特色辭彙。反為飯省（飯指食物）。米指大米製品，米與反聯合起來，表示大米製作的食品。本義大米製作的食品。粄也是一類傳統的漢族小吃。吃米的中國人，由老祖先的經驗累積下來，發展出許多料理米食的方法，從早餐到晚餐，從日常生活到節慶祭祖，從填飽肚子的主食到解嘴饞的零嘴，米食料理都是不可或缺的角

3　〔梁〕顧野王：《玉篇》，引自「中國哲學書電子化計劃」（https://ctext.org/wiki.pl?if=gb&res=895610）。

4　〔宋〕陳彭年等：《廣韻》（臺北市：洪葉文化文公司，2007年），頁286。

5　《康熙字典》（上海市：上海辭書出版社，2007年12月），頁868。

色。臺灣客家祖先居住環境惡劣，泰半分布於土壤貧瘠之山區，為了因應生活環境，造就出特有的族群性格，這些徹底地反映在飲食文化中，也塑造了客家「吃野、吃粗、吃雜」及「鹹、香、油、濃」的飲食風格。[6]「粄」可以說是客家米食中的重要結構，以不同種類的米作為素材，發展出多樣化的各式粄類，代代相傳、綿延不斷，不僅豐富了農家生活，且讓客家飲食文化平添繽紛的色彩。

（二）客家粄食文化的發展

客家粄十唸

> 油椎仔（頭椎）、糍粑（二粑）、年糕、鹹甜粄、花生粄、紅豆粄（三甜飯）、湯圓、元宵、粄圓、雪圓（四惜圓）、菜包、地瓜菜包、艾草菜包、甜包（五包）、米粽、粄粽、粳粽、甜粽（六粄）、水粄仔（七碗粄）、米苔目、米篩目、河粉（八摸挲）、九層粄、粄條（九層糕）、紅粄、龜粄、長錢粄、新丁粄（十紅桃）。[7]

由上述可知，臺灣民間有人將粄食文化整理成「客家粄十唸」，沒被編進來的其實還有菜頭粄、發粄、芋頭粄、油飯、米粄、艾粄等。客家粄大部分是以糯米產物為主，少有秈稻粳米的製品。糯米含較多直鏈澱粉，黏性強，不易消化，其製品入胃後較具飽足感，能持久而不覺飢餓。在客家地區，有以大米（包括秈、粳、糯）碾成或磨成漿，然後用攪、蒸、烤、炸等方法製作出各種不同風味的粄，比如糍粑粄、甜粄、發粄、艾葉粄、煎粄、蘿蔔粄、筍粄等。「粄」是中原一

6　丘桓興：《客家人與客家文化》，北京市：商務印書館，1998年。

7　「魚夫專欄」水粄、碗粿一家親（https://city.gvm.com.tw/article/72744）。

代的傳統飲食文化。飲食是人類維繫生命的重要憑藉,而人類的飲食習慣,是因時因地制宜的。臺灣客家族群節儉的生活方式,充分發揮稻米的料理方式呈現多樣的風貌,加上客家與閩南、原住民等族群各有不同的製作米食方式,更進一步豐富了臺灣米食料理的文化發展。身為客家子弟,感念先民的苦心孤詣,讓我們能夠徜徉在客家粄食的天地中,品嚐到如此香甜可口的家鄉味食物,心中洋溢著滿滿的溫馨與濃濃的感激。

三　臺灣客家節慶美食的特色與類型

展閱經典古籍,可知歲時節令,歷經時代的遞嬗卻是亙古不變,是中華傳統文化中獨特且生活化的精華篇章。先聖先賢洞悉自然界的規則,上察天時,下探民事,為人類在天地之間,找到安身立命的地方。例如客家成語中的「四時八節」。本文從臺灣歲時節慶美食的記載,尋覓到客家歲時節慶的粄食文化,茲臚列十種與臺灣客家歲時節慶相關粄食的特色與類型如下:

(一) 蒸甜粄

客家人逢年過節,喜歡用米食來做成各種不同的糕點,來祭拜天地、神明與祖先。在過年期間是「打粄」的高峰期:蒸甜粄、打發粄、打菜包、印紅粄、揉雪圓仔、舂粢粑。歷史沿革:

> 過年吃年糕的習俗,據傳從周代開始。由於禾穀成熟一次稱為
> 一年,所以後世過年吃年糕,就含有祝賀五穀豐登的意思了。
> 吃年糕還有取「年高」長壽之意。也有年年長高長大的意思。[8]

8　參閱「維基百科」(https://www.wikiwand.com/zh-tw/%E5%B9%B4%E7%B3%95)。

臺灣客家的傳統年糕，基本上與閩南、廣東相同，臺灣話稱甜粿，客家語稱甜粄，臺式年糕多為赤色、棕色或琥珀色的，主要為除夕祭祖與過年祭天、接神用。過年蒸年糕表示步步高升、年年發財，有團圓、圓滿之意。傳統的觀念認為，蒸製年糕的成敗，關係著來年運氣的好壞，所以蒸年糕時有些禁忌。例如、不准說不吉祥的話、不准大聲吵鬧等等。客家謠諺：「婦人轉外家，甜粄用油煎。」說明過年的甜粄，一定要省著吃，因為總要留一點到天穿日，用油煎炸後拜神補天，稱為「補天穿」。自二〇一一年起，客家委員會將農曆正月二十日俗稱「天穿日」訂為「全國客家日」。客家民間經常流傳一句諺語：「有賺毋賺，總愛聊到天穿。」相傳這是女媧煉石補天的紀念日。在天穿日的早晨，家家戶戶都要煎甜粄祭拜天公，甚至還要附上針與紅線，獻給女媧補天。祭祀完畢後，就休息一天，這天男不耕田，害怕鋤地，使大地漏水；女不織布，是擔憂穿針引線，戳破天空，一旦如此，再辛勤工作，也是枉然。[9]在此流傳久遠的節日中，彰顯了客家人，對天地充滿虔誠敬慎之心，傳承客家祖先優良的傳統文化。

（二）打發粄

發粄的形狀像一朵花，而且發糕諧音發財、高陞，外型發得越大，裂痕越深，代表新的一年運勢越好的象徵。歷史沿革：

> 發粄客家語稱之為鉢粄、發粄、碗粄或起酵粄，是一種米食製品，流行於浙江、華南地區、港澳、臺灣、印尼及新馬一帶，是傳統新春的食品，亦可用於祭祀或饋贈親人。發粿諧音發

---

9 何石松：《客諺一百首》（臺北市：五南圖書出版公司，2001年），頁231。

　　財、高升，客家人稱粿上裂痕為「笑」，外型發得越大，裂痕
　　越深，象徵新的一年笑口常開，生活順意。發粿的顏色大體有
　　三類，傳統的為紅色，是以白糖、酒麴混入糯米製成。還有只
　　放白糖的白色和放黃糖的黃色鉢粄。[10]

外型蒸熟的發粄會因為受熱膨脹，使發粄高出碗面且上方表皮脹裂，
呈十字或不規則型的裂痕，發開的裂縫如同花開一般，象徵喜慶，而
客家人稱之為「笑」，意為喜事將臨，越「笑」越好，象徵新的一年
會豐收發財。在客家文化中，發粄為各類喜事時常備的食品，可用於
祭祀或饋贈親人，發粄也是客家人祭祀時重要的供品。不論在過年、
清明祭祖或廟會活動，都少不了象徵吉利一路發的發粄。《孟子‧告
子下》：「舜發於畎畝之中」，「發」就蘊含有興起、興旺的意思，由此
可知，目前發粄的「發」，用發粄祭祀的目的，無非是與發達、發
財、奮發向上的涵意有關。發粄的做法，最重要首推蒸的技巧，也就
是要裂口越開越發，象徵開花富貴，寓意吉祥、發財之意。客家人繼
承中原傳統的文化，在祭祖後有發放發粄給乞討者的習俗。此種「分
食」的習俗，蘊含著濟貧扶弱的意思，且認為分給得越多，象徵越興
旺，越能賺大錢，無形中是鼓勵人多行善，多積陰德，方能庇蔭子孫
發達、興旺。所以才認為散給乞討者越多，贈送得越乾淨，意味著事
業、家運的版圖，隨著發粄的傳播越擴張與發達。[11]

（三）蒸紅粄

　　紅龜粿是臺灣傳統米食之一，常用於節慶或拜拜、做壽場面，取

10 邱德宏撰文，王灝繪圖：《臺灣年俗》（臺北市：聯經出版公司，1999年）。
11 廖純瑜：《臺灣客家飲食文學的研究》（桃園市：中央大學客家語文研究所碩士論
　　文，2012年6月），頁122。

龜壽綿延久遠之意。歷史沿革：

> 葛洪《抱朴子》曰：「有生必有死，而龜長存焉。」龜有靈驗
> 和吉祥長壽的象徵。人類均有求吉求壽的心理，所以我們的祖
> 先自古就用龜為犧牲。但是，時至今日活龜求之不易，故漸發
> 展出替代品——龜狀食品。古時祭祀用活龜當作月餅，後因活
> 龜來源日漸短缺，所以人們奉之以祈延年益壽。在民間作為供
> 品的祭龜，大致包括紅龜粿，紅龜（麵龜）、鼠麴粿、米糕
> 龜、麵線龜和米粉龜等。[12]

「紅龜粿」客家話稱之為紅粄，龜是古代四靈之一（龍、鳳、麟、
龜），象徵吉祥長壽，人人都想要吉利求長壽，古早時代的老祖宗就
以龜為牲禮之一，後來因為活龜得來不易，逐漸以龜的米食——紅龜
粿替代，沿用至今。紅粄常被視作粄中之牡丹，蘊含著富貴、喜氣、
長壽的象徵。龜粿應用的範圍很廣，它常用在結婚、壽宴、重大慶典
或廟會酬神時，等到祭祀畢，再分贈給親朋好友，表示分享祝福的意
思。紅粄的做法，早期傳統上是沒有包餡料，只是簡單地捏塑成型，
也不用模子粄印，隨意象徵性地點一些紅或以原色呈現。這可能與早
期物質缺乏，飲食只求溫飽，不求精細有關。講究一點的紅粄，是以
暗喻吉祥的動植物為模粄，尤其以正面是龜甲，背面是桃子的模子最
為普遍。因為作成龜甲和壽桃的紅粄，是客家人除夕清晨拜天公、祭
祀祖先，以及娶媳婦、作壽、廟會敬神等供桌上常用的供品。臺灣盛
產稻米，人們除了以米為主食外，並善於用米製作各式糕粿，紅粄
（紅龜粿）形狀如龜，是長壽、吉祥的象徵。在臺灣最為有名的是東

---

12 「文化部臺灣社區通」紅龜粿的由來與用途（https://sixstar.moc.gov.tw/blog/kmanqi
892/myArticleAction.do?method=doViewArticleNewDetail&articleId=32431）。

勢新丁粄節,新丁粄就是紅龜粄,傳統上因為家中新添男丁時,會在祭拜天公或伯公時做紅龜粄答謝,慶賀家中添男丁,現在演變為東勢每年舉辦的新丁粄比賽活動。

(四)打菜包

菜包是傳統客家人最拿手的節慶米食之一,可包入不同的餡料,包好放在柚子葉上面蒸熟,即是風味十足又有柚子葉香的菜包。歷史沿革:

> 客家人的「粄」,其實就是閩南人說的「粿」,「打粄」是「做粿」的意思。原為華北住民的客家人,南遷後從麵食改以米食為主,於是用糯米皮做成餃子形狀的菜包祭祖,因其圓鼓鼓、胖嘟嘟的外形,與古早時用來裝豬、扛去市集販賣的竹編豬籠極為相似,便稱其為「豬籠粄」。常見的豬籠粄有原味、地瓜及艾草等口味,由於艾草是常見生長於墓地附近的野草,加上艾草有避邪之意,清明節時最受歡迎的就是艾草口味豬籠粄,也稱之為「艾粄」,在早期,清明節打艾粄幾乎是客家庄家家戶戶必做的事。[13]

幾千年來中國農業的發展已形成北麥南稻的現象,早期北方麵食是水餃包子文化,客家人在五胡亂華移民南方後,轉出米食的製作,有南方餃子之稱的菜包,相傳是源自與客家人遷徙文化有關。客家人自北南遷後,原本北方有吃餃子的飲食習慣,到南方後,立即面臨欠缺麵粉的困境,只好以米食的粄皮代替麵皮,將食材製成內餡,製作成外

---

13 認識客家美食:豬籠粄,食譜自由配(https://food.ltn.com.tw/article/99)。

形像餃子的菜包，以解思鄉之苦；外型的差異，通常北部客家人作成圓形，在上面中間捏出一字型中線；在苗栗的客家人，菜包作成長圓形，形狀像裝豬的籠子，因此又稱豬籠粄。客家菜包以米作外皮，內包蘿蔔絲、蝦米等，味道特別香。菜包是傳統客家人最拿手的節慶米食之一。菜包可說是客家米食文化中，親切且實用的粄類，不論在菜市場或一般餐廳，就可隨意吃到，甚至還有成立專賣店銷售。例如，中壢地區就有三角店菜包、劉媽媽菜包店，各有不同的風味。菜包早期都是在掛紙或清明祭祖時才會吃的食物，有緬懷祖先德澤不數典忘祖的意涵。

（五）蒸蘿蔔粄

有好彩頭意涵的「蘿蔔粄」，是客家風味的冬至食品。歷史沿革：

> 蘿蔔糕是一種廣東食品，除了作為粵式茶樓的點心外，在廣東和香港更作為賀年食品，寓意步步高升。蘿蔔糕在閩南文化中也非常重要，因此在福建南部、臺灣、新加坡及馬來西亞也甚為普遍。當地人以閩南泉漳語、潮汕語稱之為菜頭粿。臺灣客家人則稱之為蘿蔔粄或菜頭粄。臺灣的客家風格蘿蔔糕是其中蘿蔔粉比例最高的，不會添加鹽和其他豐富的食材，只以白蘿蔔的味道為主。[14]

常言道，冬吃蘿蔔夏吃薑，蘿蔔賽過小人蔘。冬天既是到了蘿蔔豐收的季節，也是吃蘿蔔滋陰養生的好時節。吃蘿蔔粄是客家人祖先流傳下來的習俗，冬天來臨時，臺灣的客家每戶人家都會用在來米製作蘿

---

14 「維基百科」：蘿蔔糕（https://zh.m.wikipedia.org/zh-tw/%E8%98%BF%E8%94%94%E7%B3%95）。

蔔粄，做法是先將蘿蔔削皮後刨成絲，燜煮至軟熟呈透明狀，再與浸泡至少兩小時以上、磨成的在來米米漿和勻，調味後放入蒸籠蒸熟。最常食用方式油煎後沾食醬油，或用客家金桔醬做為沾料，也可煮成蘿蔔粄湯食用，是客家人年節特有的小吃之一。俗話說：「冬至大過年」，對於客家人來說，冬至是一個大節日，每家每戶過冬至都做足了準備，其中，蘿蔔粄是最具客家風味的冬至食品，在客家人的餐桌上必不可少。臺灣的客家蘿蔔粄，味道以蘿蔔為主體，簡單無太多添加物，故又稱菜頭粄、白頭公粄。菜頭與「彩頭」諧音，取其象徵幸運、吉兆之意涵。客家人在入年假時，必蒸蘿蔔粄當正餐或點心。俗話說：「冬吃蘿蔔，夏吃薑」，因為快接近過年時，正逢農村蘿蔔大收成，節儉的客家人除了醃漬蘿蔔乾外，並將多餘的蘿蔔製作成風味極佳的蘿蔔粄，以祈求吉利的好彩頭。

（六）接粄圓

　　客家人再嫁娶新娘、冬至或元宵節都要煮湯圓來宴饗賓客，表示圓滿和樂的意趣。湯圓客家語稱為「惜圓、粄圓、雪圓仔、圓粄仔。歷史沿革：

> 湯圓是一個盛行於華人界的美食及甜點，由於製作方便又美味，因此廣為流傳，是上元與冬至應景的一種食品，寓意團團圓圓。……客家語稱之為「惜圓」、「粄圓」、「雪圓仔」、「圓粄仔」。[15]
>
> 「冬節」，是一年二十四節中最重要的一個節氣，北半球白天最短，黑夜最長。前人詩云：「家家搗米作團圓，知是明朝冬

---

15 「維基百科」：湯圓（https://zh.m.wikipedia.org/zh-tw/%E6%B9%AF%E5%9C%93）。

至天。」可知食「冬至圓子」之俗由來已久，有謂吃湯圓後就增長一歲，謂之「添歲」，猶古之亞歲。[16]

臺灣冬至通稱「冬節」，早期客家人的冬至民俗，是搓甜粄圓祭拜家中供奉的神明、阿公婆（祖先）外，也要拜伯公（土地公）。客家的鹹粄圓也是相當具有特色的。通常鹹粄圓不包餡，傳統客家鹹粄圓的煮法，是將爆香的香菇、豬肉、蝦米、蔥蒜花、芹菜、青蒜葉、韭菜、茼蒿等食材，放入高湯內，再將煮熟的粄圓，置入有香料的高湯內，便可食用。冬至吃湯圓有團圓、圓滿之意。自從伏羲氏仰觀天文，俯察地理之後，始作八卦，因此民間即有天地的觀念，天代表陽，冬至之後陽氣開始日漸回升，故言「冬至一陽生」，為使陽氣回復，於是以圓象徵迎接陽氣。我國有句俗話說：「冬至大如年」，就是說冬至和過年一樣重要，在這一天全家人們會齊聚一堂敬天祭祖，之後會吃進代表一家團圓的粄圓，讓粄圓甜蜜的滋味迎接新年的到來，而吃過湯圓就表示又多了一歲。另一則與粄圓有關的勞動歌：「挨礱丕泡，打粄唱歌」[17]，是說明先民在收割稻穀後，將稻穀碾製成純白的精米，然後磨成米漿，炊製成客家人喜愛吃的各種粄粿的勞動過程。挨礱丕泡，打粄唱歌，雖辛苦而快樂，以慰勞大家一年來的辛勞，並且訓勉子弟們「一粥一飯，當思來處不易；半絲半縷，恆念物力維艱。」勤儉惜福的道理。

（七）打粢粑

糯米舂粢粑，又軟又韌，當好食。歷史沿革：

---

16 「臺灣大百科全書」指出：節搓湯圓（https://nrch.culture.tw/twpedia.aspx?id=11740）。
17 何石松：〈民俗傳說〉，《客諺一百首》，（臺北市：五南圖書出版公司，2003年），頁208。

　　客家粢粑〈麻糬〉的由來，據說是古代客家人較窮無錢招待訪
　　客，於是將剩飯搗勻加入花生粉、糖粉變成粢粑（麻糬），目
　　前在臺灣粢粑（麻糬）可說是客家人做的麻薯最好吃。你所不
　　知道的客家「舂粢打粄」。說到客家點心，一般人最常想到的
　　是什麼？一是粢粑，二是粄。客家話有句成語「舂粢打粄」，
　　形容熱熱鬧鬧準備慶典。傳統客家遇婚喪喜慶、廟會拜拜，多
　　半都會打粢粑，逢年過節、蒔田割禾，一定會打粄。打粢粑，
　　帶有很強烈的我群意識，反映了客家內在的凝聚力，而且是從
　　生活中落實了客家人團結的意識。[18]

客家粢粑已經成了重要客家文化傳承之一，早年客家有婚、喪、喜、
慶、或廟會拜拜，客家人必會打粢粑，不僅當點心招待來客，也分送
四鄰。舂糍粑的杵槌，要用光滑的木杵，糯米飯粒便黏不住。經過用
力舂搗，使之成羹狀，然後做成如雞蛋般大小的糍粑。舂粢粑，通常
是在一個大石臼裡倒入蒸好的糯米團，三人一組，兩人各一杵一上一
下舂打，另一人負責尋空檔以濕手翻轉糯米團。累了就換下一組上
陣。這樣的舂粢粑，練的是技巧、默契和感情。現在打粢粑以機器取
代人工，客家後生多已不解打粢粑的用意。客家粢粑不但風味依舊，
卻蘊藏著同心協力的客家精神。只要有客家人群聚飲食的場所，常見
一群鄉親聚在一起，將熱騰騰的粢粑，用筷子夾剪成小塊，蘸上炒
米、花生、芝麻、黃糖等配製的佐料粉，吃起來柔韌鮮滑，香甜可
口。客家粢粑的另一種吃法，用老薑汁熬紅糖煮成的湯汁粢粑，客家
人俗稱「牛汶水」，更是別有一番風味。早期許多農家會將水牛泡在

18 林陳鳳嬌：〈千年榕樹一條根，天下客人一家親；團結和諧崇正會，心手相連客家
　　人〉，《HAKKANÊS》第38期（聖保羅PARA DISTRIBUIÇÃO INTERNA，2009年3
　　月8日）。

河裡避暑，群牛泡水時，只露出頭與背在水面上，因而得名。「牛汶水」因為是用全糯米製成，黏黏的質感，有連結的寓意，在早期客家農村文化中，亦有祈求秧苗穩固成長，來日好收成的象徵。

（八）打艾粄

艾粄因一般在清明期間製作使用，故屬於清明粄，也是最常見的一種清明粄。歷史沿革：

> 依據《本草綱目》中記載：「艾以葉入藥，性溫、味苦、無毒、純陽之性，通十二經」，具「回陽、理氣血、逐濕寒、止血安胎」等功效。艾草，自古在民間即有食用、避邪等用途，清明時節為盛產期，客家人會取艾草製成「艾粄」當作掃墓祭品，所以艾粄又稱「墓粄」。老一輩的客家人深信，清明前後吃下艾粄，除了節氣應景，也具有補健和去污的作用，可保護身體夏天不生膿瘡，故有「清明前後吃艾粄，一年四季不生病」的俗語。傳統上的艾粄作成塊狀，內餡鹹甜皆宜，鹹艾粄包蘿蔔絲、絞肉、香菇；甜艾粄可以包紅豆餡。[19]

臺灣的客家人早在清明之前，大多已完成掃墓掛紙，但還是有應景食品，如各式各樣的青草粄。根據農委會食農教育教學資源平臺記載，關於清明節要用草仔粿祭祀的緣由，在清代《重修福建臺灣府志》中已有相關記載：「三月三日，采鼠麴草合米粉為粿，以祀其先。」可知在清代時已有用草仔粿祭祀祖先的習俗，且在清明時用以祭祀，則有希望祖先保佑子孫平安有財，有「拜粿生財產」的意

---

19 參閱「新北市客家觀光美食館」：〈艾草粄〉（https://www.hakka-cuisine.ntpc.gov.tw/files/15-1006-3288,c394-1.php）。

思。[20]由於在清明時節盛產艾草，因此成為客家人製作「艾粄」的原料。清明時節掃墓祭祖之餘，嘴裡吃著飄著草香味、軟Ｑ的外皮，包裹著炒得鹹香的菜脯內餡，這就是家喻戶曉的傳統小吃「草仔粿」和「客家艾粄」，不管是在餡料、顏色等，都有著異曲同工之妙。由於鼠麴草、艾草會帶有苦味，因此要丟入沸水煮軟，撈起後放入果汁機中打碎時，可加入糖和水一起中和味道。之後再將汁液倒入粉糰中混合，就會有綠色的外皮了。山居的客家人，在掃墓祭祖時，為了防範山中毒蛇與瘴氣的侵害，便想到利用艾草做成菜包，吃了具有解毒、去濕氣，不至於生瘡長癬的功效。可見聰慧的客家先民對大自然的野生植物有深入的了解，並且能使物盡其用。

（九）水粄、九層粄

「水粄」是臺灣早期農村社會客家人日常中的小點心；在農曆過年與九九重陽均有品嚐九層糕的習俗。歷史沿革：

> 客家話的「粄」是指以米為原料製作的米食，意同閩南語的「粿」，「水粄」便是客家人的碗粿，但直到我踏出山城苗栗後，才發覺「水粄」這個名詞對於其他地區的人有多麼陌生；有的稱為客家碗粿，有的則認為甜粄才是水粄，鹹口味則叫作鹹碗粿或鹹粿，甚至部分客家地區的人只認識碗粿，而不知道有水粄。
>
> 客家人的水粄有兩大特色，第一，有添加紅糖的甜口味水粄，閩南碗粿是沒有甜口的；第二，鹹口味水粄製作過程中不調味也沒有餡料，是米漿蒸熟成白的粄後，才放上另外炒製的配料

---

20 參閱百變糯米清明好時光：食農教育教學資源平臺（https://kmweb.coa.gov.tw/）。

並淋上醬油，鹹香味十足。[21]

水粿是源自廣東潮汕地區的傳統小吃，也在馬來西亞和新加坡流行，稱為碗仔糕。「水粄」是早期農村社會客家人日常中的小點心，基本上家家戶戶都會製作。因為在農業時代大家生活比較困窮，勤儉刻苦的客家人，若遇到下雨無法農作時，婦女們就會在家中蒸水粄。傳統的鹹水粄是用在來米漿加鹽蒸熟後，然後撒上炒過的蘿蔔乾、豆乾、碎肉一起吃，不像碗粿是把這些配料加在米漿中再去蒸熟，而甜的水粄則是用在來米漿加上黑糖製作而成的。客家人在農曆過年與九九重陽節時，會以一層加了紅糖水的米漿，一層加了鹽的白色米漿，蒸成層次分明、棕白顏色相間、甜中帶鹹的「九層粄」。由於九層粄是一層一層堆疊往上蒸，因此有著步步高升、升官發財的祝福之意；而且九是數字中最高者，在年節食用，代表著希望長輩能長命百歲，有活得平平安安與長長久久的吉祥意涵。但為什麼要做到九層？除了客家人外，鮮少人知，這與客家的節慶習俗有關。在農曆過年與九九重陽均有品嚐九層糕的習俗，「九」音同「久」，如同天長地久、長命百歲；「九層堆疊」形同步步高升、吉祥如意。軟潤適中，易於嚼食，常是家人蒸給老人及小孩吃的點心，又有著反哺奉養的涵意。[22]由此可見，客家人製作粄食，都蘊含著儒家倫理道德的禮俗文化。

（十）米粽、粄粽

客家粄粽遵循客家傳方式，以「粄」為外皮。內餡是採用蘿蔔

---

21 參閱連客家人也逐漸遺失的名字——水粄（https://taiwanflavor.iseetaiwan.org/review-content.php?id=2225）。

22 呂鴻禹：《懷舊糕餅三：跟著老師傅做特色古早味點心》（宜蘭縣：橘子出版社，2017年）。

乾、蝦米、豬肉末為主料。美味、香 Q、口感佳、有咬勁，保留了
「客家傳統」獨有特色。歷史沿革：

> 中國地區粽子相關的文獻最早見於西元三世紀西晉周處的《風
> 土記》，原與祭祀無關。經歷數百年，後人將其起源鑲嵌入各
> 地民間信仰，衍生祭祀龍、伍子胥或關於屈原相關傳說。

> 粽子是臺灣端午的祭祀供品，古代臺灣的原住民已經有用月桃
> 葉等儀式植物包粽子的文化，一般家庭祭祀神佛祖先時，需準
> 備「肉粽」、「鹼粽」、「粿粽」（粄粽）等。最為普遍的「燒肉
> 粽」依做法、口味可分為蒸煮式的「北部粽」（頂港粽）與水
> 煮式的「南部粽」（下港粽），俗稱「北蒸南煮」。客家裔的粽
> 子可分為：糯米加入鹼水蒸熟的「鹼粽」與富客家風格的「粄
> 粽」與「客家粽」。端午粽除了食用外亦為祭祀的供品，而延
> 伸出諸多忌諱。[23]

五月節（端午）到了，在氤氳裊裊、粽香瀰漫的廚房，客家婦女正忙
著「踏粽」（客家話的「綁粽子」）。傳統的客家粽有三種：1. 客家米
粽：客家米粽的材料以敬天祭祖所用的三牲、豆乾為主要材料，再佐
以菜脯等客家代表性的農產品作為粽子的配料而發展成獨特的客家風
味肉粽。2. 粄粽：粄粽所使用的粄是由糯米及蓬萊米浸泡過後混和磨
製而成，所採用配料基本上和客家肉粽相似，主要差異是因為粄粽使
用米漿代替米粒，把糯米不易消化的缺點給消除了。所以不會造成腸
胃的負擔，長輩及孩童都可以放心的食用。3. 鹼粽：鹼粽是用糯米去

---

23 參閱「維基百科」「客家粽」（HTTPS://ZH.M.WIKIPEDIA.ORG/ZH-HANT）。

浸泡竹殼葉所提煉的鹼油後再捏製而成，裡頭不包餡料；鹼油的鹼性可以平衡人體的酸鹼中和，有益身體的健康；食用方式為沾浸白糖、黑糖或是果糖後食用。[24]傳統的客家粽製作的方法是將蒸過的糯米飯（多使用圓糯米）包入炒熟爆香的蝦米、紅蔥頭、菜脯、香菇絲、豬肉等材料，以曬乾的麻竹葉包裹成三角形狀，放入鍋裡蒸熟。與臺灣南部粽用水煮的方式不同，客家粽內餡也不加入花生、蛋黃等餡料。由此可見，客家人對米食的堅持以及克勤克儉的生活態度。

四　臺灣客家節慶美食的文化蘊涵

　　飲食是族群獨特的標誌，存在族群的原始生活飲食習性，且表現族群在生存過程中與所處土地、環境及不同族群互動所產生的改變。[25]客家的米食流經各地、吸取了各地風土人情後，不但變化出更多樣的口味，也記錄了臺灣客家族群離鄉遷徙的足跡。客家民俗在節慶方面，有著獨特應景的節慶美食，經年累月不斷推陳出新且精緻美味的客家「粄」食，顫動著每位客家鄉親的味蕾，更激起遊子感念與懷舊的鄉情。客家米食文化源遠流長，品嚐古意濃厚，樸實且耐人尋味的客家粄食，總能讓人感受到客家人的精神和客家文化的風情，值得每位客家人去研究與傳承。茲敘述臺灣客家節慶美食的文化蘊涵如下：

（一）尊祖敬宗的倫理道德

　　客家人數千年來，歷經朝代的更迭、自然環境的發展、社會結構

24　參閱「痞客邦」「客家粽的由來」（https://hakkarice.pixnet.net/blog/post/437528 92-）。

25　莊英章：〈客家社會文化與飲食特性〉收錄於楊昭景編：《客家飲食文化輯：戀戀鄉土味‧濃濃客家情》（新北市：行政院客家委員會，2003年），頁10-17。

的變遷，仍能堅守傳統的信仰禮俗、尊祖敬宗、祭祀天地神明與列祖列宗，大家胼手胝足團結相親，滋養生息以繁衍子孫。客家人以對天地祖先聖賢的祭祀來代替宗教，而這祭祀活動，最主要的目的是，向以土地伯公為首的諸神明祈求並感謝其保佑居民風調雨順，牲畜平安、農作豐收，並祈求祖先庇佑子孫闔家平安、吉祥如意。孔子說：「祭如在，祭神如神在。」（《論語‧八佾》）《禮記‧大傳》也說：「親親故尊祖，尊祖故敬宗，敬宗故收族，收族故宗廟嚴，宗廟嚴故重社稷，重社稷故愛百姓。」[26]說明祭祀禮儀之功能，在發揮人們仁民愛物的天性，由親愛親人，推而上之，及於尊重先祖，由尊重先祖擴而充之，至於尊敬宗族，繼而團結族人，推衍至社會國家，使得人人能安居樂業。

　　一庄一俗是客家人耳熟能詳的話語，所謂俗就是民俗，從先民遺留下的文化資料，可以進一步了解各鄉鎮的風俗是什麼？客家民俗在節慶方面，除了傳統中的節慶外，更有獨特的民俗節慶，在農曆正月過春節，一直到清明節，都可以見到客家人返鄉祭祖的蹤跡，由長輩帶領全家大小，準備了三牲、發粄、紅龜粄、水果等祭品，到宗祠祭拜阿公婆：清明節準備艾草粄、發粄、紅龜粄。到祖墳祭拜祖先，有許多家族的「祖塔」，不但供奉血緣相承的三代、四代、五代的祖先，甚且供奉來臺開闢家園的祖先，讓後代子孫了解飲水思源的重要，更要發揚慎終追遠的美德。孝道的提倡，身教重於言教。歲時節慶由族長率領族人共同祭祀祖先，藉此可以啟發子女的孝敬心理，培養子女愛護家庭的熱情，教導子女為人處世不可以數典忘祖。可見客家民族在生活方式、傳統信仰禮俗上，深受中華傳統文化的內化與薰陶，注重傳統的家庭倫理觀念與禮教影響。

---

26 〔漢〕鄭玄注、〔唐〕孔穎達疏：《禮記正義》（臺北市：藝文印書館，1998年），卷34，頁622。

（二）勤儉刻苦的客家風範

　　客家人安身立命的憑藉是什麼？就是堅忍、勤儉、吃苦、耐勞的人生哲學。客家人堪稱為最懂得環保的族群，從先民們的生活作息與飲食習慣，就可以了解箇中真味。從節儉的向度來觀察，他們愛惜資源與物力，不糟蹋任何可以食用的東西，例如：酸菜、覆菜、蘿蔔乾、梅干菜……等，因為應景新鮮的青菜吃不完，就把它醃製起來，不但收藏較久，也可以節省物資，而不會暴殄天物。冬天盛產蘿蔔，客家每戶人家都會用在來米製作蘿蔔粄，以祈求好彩頭的吉利。可見客家先民生活簡樸，省吃儉用，不浪費任何可以利用的資源。客家諺語說：「但留方寸地，留與子孫耕。」先民世代以務農為業，每天早出晚歸，耕田又耕圃，做到兩頭烏。所以常常勉勵子孫做事要腳踏實地，做人要光明磊落，並且心存善念來待人接物。人們的心田，猶如農人種植的田地，要經過插秧、播種、除草、施肥等工作，才有豐收的一刻到來。因此人人要好好耕耘心田，讓這塊善心福地，不要受到紅塵的污染，並且永遠保持赤子之心，更不可以做傷天害理的壞事，讓心靈的天空更寬廣亮麗。

　　「逢山必有客」係指客家族群因山居食材取得不易與惜福的生活觀，研發出各種醬料名菜，除了下飯、易保存外，也盡情利用生活周遭取得的蔬菜水果，隨著年節、四季盛產的山林產物的變化，從菜餚到點心零食，從主食到粄類，創造出客家多元的吃食文化。[27]〈客家勞動歌〉：「挨礱丕泡，打粄唱歌，打著三斤米粄無幾多掇凳人客坐，坐著濃雞糕。……」是大家耳熟能詳且充滿和樂與豐收的歌謠。

　　「挨礱丕泡」，是說明先民在收割稻穀後，將稻穀碾製成純白的精米，然後磨成米漿，炊製成客家人愛喜愛吃的各種粄粿的勞動過

27　參閱「客家美食嘉年華」（http://www.ihakka.net/2006food/index.htm）。

程。挨礱不泡，打粄唱歌，雖辛苦而快樂[28]，以慰勞大家一年來的辛勞，並且訓勉子弟們「一粥一飯，當思來處不易；半絲半縷，恆念物力為維艱。」的道理。農民耕耘雖然辛苦，但卻蘊涵著豐收的喜悅，借著歌聲來傳遞謝天謝地的情懷。在充滿和樂慶祝豐收的客家勞動歌中，大家享受含淚播種，歡呼收割的美好時刻。

（三）天人合一的儒學思想

客家文化是「中國傳統文化的活化石」，中國傳統文化的核心價值就是儒家文化，客家人的許多觀念和民俗是和儒家文化一脈相承的。儒家文化提倡「天人合一」的天人觀，這種「天人合一」的觀念在客家文學、客家飲食、客家建築、客家民間信仰等諸方面都得到了典型的體現，反映了客家人在傳統社會追求人與自然和諧，協調人與人、人與社會關係方面的生存智慧。[29]客家傳統飲食知識中的飲食習慣的季節性和「冷熱」的分類，呈現了「天人合一」的思想，客家人在不同的季節有不同的季節性食物。例如、「四炆四炒」可說是客家菜的典型，「炆」是用大鍋烹煮，「炒」是以大鍋快炒。所謂「四炆」係指：鹹菜炆豬肚、炆爛肉、排骨炆菜頭、肥湯炆筍乾；「四炒」則為：客家炒肉、豬腸炒薑絲、鴨血炒韭菜、豬肺黃梨炒木耳（俗稱鹹酸甜）[30]，這八道經典名菜，是客家人運用全豬來料理的菜餚，不但豬身上的每一部分都不浪費，而且端上桌時還色香味俱全。

在客家傳統飲食觀念中，要維持人的體內的健康，最主要的是要

---

28 何石松：〈民俗傳說〉，《客諺一百首》（臺北市：五南圖書出版公司，2003年），頁208。

29 宋德劍：〈天人合一的天人觀——儒家生態文明的視野下的客家文化〉，「第五屆儒學國際學術研討會」論文（珠海市：聯合國際學院，2009年12月12-13日）。

30 「苗栗客家四炆四炒研習」（https://tw.sports.yahoo.com/news/），檢索日期：2022年12月2日。

注意「冷熱」的和諧，這主要表現在客家食物、藥物和補品的調理
上。例如、清明節的艾草板、端午節的粽子、傳統客家遇婚喪喜慶、
廟會拜拜，多半都會打粢粑，逢年過節、蒔田割禾，一定會打粄等。
以清明粄為例，當地民間諺語說：「清明節，百草好做藥」，每逢清明
節前夕，家家戶戶都要從野外採集各種供食用的艾草，用來製作清明
粄。在農事方面例如：「秋霖夜雨」「四時八節」等成語，是說明二十
四節氣是農業社會農民生活的進度表，一年四季一切耕稼，必須依據
節氣運作，才有好收成。客家諺語中季節和農事、月份和氣候之間的
關係，是客家人代代相傳的。它累積了先人許多的經驗和文化，使後
代子孫有所依循，不會徒勞無功。儘管時代在進步，科技在發展，這
些先民的智慧結晶，至今仍具有重要的文化價值。

（四）群體共宴的團結精神

　　客家飲食文化不僅體現在日常的飲食生活之中，而且突顯在逢年
過節、婚喪喜慶、神明祭祀等重大民俗活動裡，尤其是「群體共宴的
團結精神」包含著中國飲食文化的某些共性，同時也顯示出客家人與
客家文化的特有氣質和內涵[31]。早年客家有婚喪必會打粢粑，不僅當
點心招待來客，也分送四鄰的特性。臺灣客家鄉間二、三十年前還經
常看到這種打粢粑風俗，這是客家「幫工」的習俗。舂粢粑，通常是
在一個大石臼裡倒入蒸好的糯米團，由一人負責尋空檔以濕手翻轉糯
米團，累了就換人上陣。這樣的舂粢粑，練的是技巧、默契和感情。
打粢粑，帶有很強烈的我群意識，反映了客家內在的凝聚力，而且是
從生活中落實了客家人團結的意識。現在打粢粑以機器取代人工，但

---

31 楊彥杰：〈客家菜與客家飲食文化〉，《第六屆中國飲食文化學術研討會論文集》（2000
　年9月15日），頁363-381。

客家粢粑不但風味依舊，卻蘊藏著團結合作的客家精神。[32]

　　「清明前，好蒔田；清明後，好種豆。」這個諺語，就是在說明清明節前，春風解凍，雨水充足，是種田的好時機；清明節後，大地滋潤，天清氣朗，就可以種植豆類。客家庄犁田、插秧、挲草、割稻，都是群體參與，緊工時節（農忙時節）該下，不管是耕耘期的蒔田（插秧）、挲草（除草），還是收成期的割稻、曬穀，客家族群男女分工或鄉里親人間互相「交工」是非常盛行的工作方式，這也是消耗體力的重活，因此上下兩畫（天），農婦必備點心。一來補充體力，二來稍作休息。所謂飯做力，填飽肚子才有體力工作。早季較冷，以黏性糯米做的粢粑為主，米糯黏稠以寓黏補禾頭。而二季炎熱，收割或插秧以米篩目或綠豆湯為主，工作稍息，大家不嫌品味，笑話解頤疲累頓消，這也是客家群體共宴團結精神的表現。

五　結語

　　遠古時代，從神農氏教人民播種五穀，黃帝時期「烹穀為粥」之說，[33]開啟了我國飲食文明的扉頁，稻米即成為人類主食，孕育了華夏五千年悠久的米食文化。傳統的客家人都對稻米有著一份濃厚的情感，結實纍纍、迎風搖曳的稻米是農民勤奮耕耘的成果，更是全家人三餐溫飽的原動力。而客家米食文化是植基於敬天地、祭鬼神和拜祖先，以崇敬慎重和感恩的態度發展起來的。把平常捨不得享用的美

---

32 林陳鳳嬌：千年榕樹一條根，天下客人一家親；團結和諧崇正會，心手相連客家人。HAKKANÊS第38期，2009年3月8日巴西‧聖保羅PARA DISTRIBUIÇÃO INTERNA客家親）。

33 參閱《太平御覽‧糜粥》飲食部十七引《周書》有「黃帝始烹穀為粥」之說。，引自「中國哲學書電子化計劃」（https://ctext.org/text.pl?node=404500&if=gb），檢索日期：2022年12月2日。

食，獻給天地、祖先，希望獲得庇祐，每當時令節慶，家家戶戶興高采烈的舂米、磨米再配上各種的佐料，炊製成各式各樣精緻可口的糕餅點心，除了奉獻虔誠的心意之外，也讓全家人享受那份甜美的的滋味和喜悅。這些米食的製作和耕種作物的經驗，代代相傳，綿延不斷，匯聚成動人而豐富的客家粄食文化。臺灣客家粄食，濃縮了滿滿的客家情，經過百年的傳承與發展，這個味道依然能勾起無數客家人濃濃的鄉愁與鄉情，也承載了客家米食文化亙古不變的生活禮俗與傳統信仰。

英國詩人威廉‧布萊克（William Blake, 1757-1827）的一首詩：「一花一世界，一沙一天國，君掌盛無邊，剎那含永劫。」這首詩說明從宇宙洪荒，天地玄黃至科技文明發達的現代，一切生滅象徵永恆，無盡的歷史，永遠傳承著瑰麗的文化。臺灣客家民俗除了傳統的節慶外，更有獨特應景的節慶美食。例如，過年蒸年糕、發糕表示步步高升、年年發財；蒸菜頭粿、菜包，取吉祥好彩頭的寓意。清明節祭祖的艾草粄、紅龜粄，來保佑子孫吉祥如意。端午節包米粽、粄粽、鹹粽等，來祭拜神明、祖先。中元節以糯米搗成糍粑（麻糬），沾花生粉來食用，非常香甜爽口，令人垂涎三尺。嫁娶新娘、冬至或元宵節都要煮湯圓來宴饗賓客，表示圓滿和樂的意趣。先民們辛勤的耕耘，豐足我們的衣食；先民們在這塊土地上披荊斬棘所流的血汗，灌溉了臺灣的沃野，潤澤了臺灣客家純樸的粄食文化。因此大家應心懷感恩，感謝祖先的庇佑，讓我們能享受如此多的福澤。人人要知福、惜福，來發揚光大吃苦耐勞的客家精神，使客家人的生命力，能夠在有情天地中永續發展，綿延至千年萬代。

參考文獻

古籍

（依《四庫全書》分類法）

〔漢〕鄭玄注、〔唐〕孔穎達正義：《禮記正義》，臺北市：藝文印書
　　　館，1998年。

〔漢〕班固、〔唐〕顏師古注：《漢書》，臺北市：鼎文書局，1987年。

〔宋〕朱熹：《四書章句集注》，臺北市：鵝湖出版社，1998年。

〔宋〕陳彭年等：《廣韻》，臺北市：洪葉文化文公司，2007年。

〔清〕張玉書等：《康熙字典》，上海市：上海辭書出版社，2007年。

現代專著

（依作者姓氏筆畫排序）

丘桓興：《客家人與客家文化》，北京市：商務印書館，1998年。

呂鴻禹：《懷舊糕餅3：跟著老師傅做特色古早味點心》，宜蘭縣：橘
　　　子出版社，2017年。

何石松：《客諺一百首》，臺北市：五南圖書出版公司，2003年。

邱德宏撰文，王灝繪圖：《臺灣年俗》，臺北市：聯經出版公司，1999
　　　年。

羅香林：《客家研究導論》，臺北市：南天書局，1992年。

謝淑熙：《臺灣客家禮俗文化新探索》，臺北市：萬卷樓圖書公司，
　　　2019年。

期刊論文

（依作者姓氏筆畫排序）

林陳鳳嬌：〈千年榕樹一條根，天下客人一家親；團結和諧崇正會，
　　　　心手相連客家人〉，HAKKANÊS　第38期，2009年3月8日巴
　　　　西・聖保羅 PARA DISTRIBUIÇÃO INTERNA 客家親。

宋德劍：〈天人合一的天人觀——儒家生態文明的視野下的客家文
　　　　化〉，第五屆儒學國際學術研討會論文，2017年7月6日。

楊彥杰：〈客家菜與客家飲食文化〉，《第六屆中國飲食文化學術研討
　　　　會論文集》，2000年9月15日。

莊英章：〈客家社會文化與飲食特性〉，收錄於楊昭景編，《客家飲食
　　　　文化輯：戀戀鄉土味・濃濃客家情》，臺北市：行政院客家
　　　　委員會，2003年。

學位論文

（依年代排序）

廖純瑜：《臺灣客家飲食文學的研究》，中央大學客家語文研究所碩士
　　　　論文，2012年6月。

電子資料與網路資料的引用

《太平御覽・糜粥》飲食部十七引《周書》有「黃帝始烹穀為粥」之
　　　　說。中國哲學書電子化計畫（https://ctext.org/text.pl?node=40
　　　　4500&if=gb，檢索日期：2022年12月2日）。

〔梁〕顧野王：《玉篇》，中國哲學書電子化計畫（https://ctext.org/wi
　　　　ki.pl?if=gb&res=895610，檢索日期：2022年11月22日）。

「客家美食嘉年華」（http://www.ihakka.net/2006food/index.htm，檢索
　　　　日期：2022年11月22日）。

客家粽　維基百科（https://zh.m.wikipedia.org/zh-hant，檢索日期：2022年11月22日）。

客家粽的由來　痞客邦（ttps://hakkarice.pixnet.net/blog/post/43752892-，檢索日期：2022年11月22日）。

連客家人也逐漸遺失的名字——水粄（https://taiwanflavor.iseetaiwan.org/review-content.php?id=2225，檢索日期：2022年11月22日）。

新北市客家觀光美食館：艾草粄（https://www.hakka-cuisine.ntpc.gov.tw/files/15-1006-3288,c394-1.php，檢索日期：2022年11月22日）。

百變糯米清明好時光：食農教育教學資源平臺（https://kmweb.coa.gov.tw/），檢索日期：2022年11月27日。

維基百科：湯圓（https://zh.m.wikipedia.org/zh-tw/%E6%B9%AF%E5%9C%93，檢索日期：2022年11月27日）。

臺灣大百科全書指出：節搓湯圓（https://nrch.culture.tw/twpedia.aspx?id=11740，檢索日期：2022年11月27日）。

維基百科：蘿蔔糕（https://zh.m.wikipedia.org/zh-tw/%E8%98%BF%E8%94%94%E7%B3%95，檢索日期：2022年11月22日）。

維基百科年糕（https://www.wikiwand.com/zh-tw/%E5%B9%B4%E7%B3%95，檢索日期：2022年11月22日）。

紅龜粿的由來與用途，文化部臺灣社區通（https://sixstar.moc.gov.tw/blog/kmanqi892/myArticleAction.do?method=doViewArticleNewDetail&articleId=32431，檢索日期：2022年11月27日）。

認識客家美食：豬籠粄，食譜自由配（https://food.ltn.com.tw/article/99，檢索日期：2022年11月27日）。

【魚夫專欄】水粄、碗粿一家親（https://city.gvm.com.tw/article/72744，檢索日期：2022年11月27日）。

苗栗客家四炆四炒研習」（https://tw.sports.yahoo.com/news/，檢索日
期：2022年12月2日）。

附錄

章次	章名
導言	〈臺灣客家文化發展的現況與省思〉 （刊載於2021年世界客家雜誌雙月刊第25期，2021年1月5日至2021年3月4日）
1	〈享譽國際指揮家臺灣之光呂紹嘉〉 （刊載於2021年世界客家雜誌雙月刊第26期，2021年3月5日至2021年5月4日）
2	〈臺灣客家文學風情觀舉隅〉 （刊載於2022年世界客家雜誌雙月刊第31期，2021年3月5日至2021年5月4日）
3	〈臺灣客家歲時節令儀典之研究〉 （刊載於2021年世界客家雜誌雙月刊第26期，2021年1月5日至2021年3月4日）
4	〈臺灣客家三獻禮的文化探源〉 （刊載於2021年世界客家雜誌雙月刊第28期，2021年7月5日至2021年9月4日）
5	〈臺灣客家傳統婚姻禮俗探析〉 （刊載於2022年世界客家雜誌雙月刊第27期，2022年5月5日至2022年7月4日）

6	〈從《禮記・月令》探析臺灣客家節氣諺語的文化蘊涵〉 （刊載於2022年世界客家雜誌雙月刊第35期，2022年9月5日至2022年11月4日）
7	〈從客家飲食諺語探索客家傳統文化的內涵〉 （發表於2021年第十一屆「客家文化傳承與發展」學術研討會發表論文2021年5月15日）
8	〈從客家本色歌謠探析臺灣客家傳統文化內涵〉 （刊載於2022年世界客家雜誌雙月刊第33期，2022年5月5日至2022年7月4日）
9	〈從客家山歌初探臺灣傳統客家婦女的社會地位〉 （刊載於2022年世界客家雜誌雙月刊第34期，2022年7月5日至2022年9月4日）
10	〈臺灣客家茶文化內涵探析〉 （發表2022第十二屆客家文化傳承與發展學術研討會2022年8月19日）
11	〈臺灣客家節慶美食的文化蘊涵〉 （刊載於2023年世界客家雜誌雙月刊第37期，2023年1月5日至2023年3月4日）

文化生活叢書・藝文采風　1306040

臺灣客家文化風情畫

作　　　者　謝淑熙
責任編輯　楊佳穎
特約校對　林秋芬

發 行 人　林慶彰
總 經 理　梁錦興
總 編 輯　張晏瑞
編 輯 所　萬卷樓圖書股份有限公司
　　　　　臺北市羅斯福路二段 41 號 6 樓之 3
　　　　　電話 (02)23216565
　　　　　傳真 (02)23218698

發　　　行　萬卷樓圖書股份有限公司
　　　　　臺北市羅斯福路二段 41 號 6 樓之 3
　　　　　電話 (02)23216565
　　　　　傳真 (02)23218698
　　　　　電郵 SERVICE@WANJUAN.COM.TW
香港經銷　香港聯合書刊物流有限公司
　　　　　電話 (852)21502100
　　　　　傳真 (852)23560735

ISBN 978-986-478-797-5
2023 年 3 月初版
定價：新臺幣 360 元

如何購買本書：

1. 劃撥購書，請透過以下郵政劃撥帳號：
　帳號：15624015
　戶名：萬卷樓圖書股份有限公司
2. 轉帳購書，請透過以下帳戶
　合作金庫銀行　古亭分行
　戶名：萬卷樓圖書股份有限公司
　帳號：0877717092596
3. 網路購書，請透過萬卷樓網站
　網址 WWW.WANJUAN.COM.TW

大量購書，請直接聯繫我們，將有專人為您
服務。客服：(02)23216565　分機 610

如有缺頁、破損或裝訂錯誤，請寄回更換

國家圖書館出版品預行編目資料

臺灣客家文化風情畫 / 謝淑熙著. -- 初版. --
臺北市 : 萬卷樓圖書股份有限公司, 2023.03
　面 ；　公分. -- (文化生活叢書. 藝文采風 ；
1306039)
ISBN 978-986-478-797-5(平裝)
1.CST: 客家　2.CST: 民族文化　3.CST: 文化研究
4.CST: 臺灣

536.211　　　　　　　　　　111021564